中公文庫

潜艦U-511号の運命

秘録・日独伊協同作戦

野村直邦

中央公論新社

序

本書の著者野村直邦《のむらなおくに》君は私の永い間の親友で、もっとも尊敬している人である。本書は著者が第二次大戦中ドイツに使して、三国条約の行方とその間における日独伊三国の協同戦について、自分の体験を語った実話秘録である。

その内容は関係するところすこぶる広く、戦局の全般にわたって緊急、重大、深刻をきわめ、切々として読者の胸に強く迫るものがあるのを覚え、実に貴重なる史料である。

第二次大戦において、わが日本の歩んだ経路とその得失については、この書にあるような、日独伊関係の秘録をまって、はじめて偏《かたよ》らない中正の判断ができるものであろう。その意味からも本書はまことに得難い価値があるものと信じる。

近世の歴史は、「ナポレオン」時代から今次の大戦までの百五十年間、いわゆる世界戦を不幸にして三回も重ねた。その間に兵器の進歩はきわめて目ざましく、それがつねに革命的でさえあるのも、戦争の舞台となった地域の地形や距離や気候風土からくる、宿命的な制約と影響によるものであることは、容易に否定しがたいところであった。この三回の大戦を通観すれば、結果において類似の特徴があるのを見逃すわけにはゆかないと思う。

われらとしては、今次大戦の結果について、わが国独自の見地から、そしてまた、同時に世界全体の立場から、とくと潜思熟考し、誠実公平にこれを研究し、その教訓を身につけて守り、将来にむかっていっそう平和幸福な世界情勢を作りあげることに、たがいに努力しなければならないと思う。

ここに著者の誠意とその苦労にたいし深い敬意を表する。

山梨勝之進

序

本書の著者野村直邦君は、第二次大戦中、日本陸海軍からドイツに派遣された軍事委員の最高代表者として、いろいろな重要問題、とくに日独両海軍間の協同についてたえず私の相談相手であった。

あの困難でしかも責任の重い任務の遂行に当って、野村君が私にたいして示してくれられた協力を、私は感謝のうちによく記憶している。

この本は、第二次大戦の研究に貢献するものとして、各方面から歓迎されるものと信じている。そしてまた、この本は世界の再建に欠くことのできない知識を提供するものである。なんとなれば、きのうの敵はきょうの友となり、盟邦となっているからである。

元ドイツ国海軍元帥　エリッヒ・レーダー

序

本書の著者野村直邦元海軍大将は、第二次大戦中二年半の永いあいだ、三国同盟の軍事委員として大いに努力をされた。野村君と私とのあいだの交誼《こうぎ》は、終戦後のこんにちもなお続けられている。

野村君は、卓越した精神力と優れた人格、そのうえに堪能なドイツ語の知識によって、最高軍事委員としての重責をみごとに完遂された。だから私は、同君のこの著述を心から喜び迎えるものである。

そしてこの著述は、国際友好の増進に必要な、真の史実の確認に、大いに貢献するものと信ずるからである。

政治家といわず、軍人といわず、どんな人でもこれを読めばかならず興味を持つと同時に、この本から得られる知識は、国際間の軍備問題の処理にあたって、無視することのできないものを提供するであろう。

この意味において私は、この著作が大きな成果を収めるように祈るものである。

元ドイツ国海軍大将　オットー・グロス

自序

終戦後すでに十年を経過して、いちおう敗戦の虚脱から抜けだし、静かに当時を想いかえす機会も、以前よりはずっとましてきたほど、心のゆとりも出てきたこんにち、世界史転換の動機をつくった日独伊三国の枢軸側が、どうして敗戦の運命を共にしたか、という一連の経過と真相を回想し反省してみると、まことに興味の深いものがあり、また今後の日本に訓《おし》えるところが多いと思う。

私は日米開戦一年前の昭和十五年十二月から日独伊三国同盟の軍事委員として欧州に派遣され、三国条約の主目的であるアメリカの参戦阻止のために奔走し、日米開戦後は三国軍事協定の締結、欧亜作戦の協同について独伊首脳部との連絡折衝にあたり、滞欧二ヵ年半ののち、昭和十八年七月ドイツ潜水艦に乗艦して母国の土をふむまで、私に課せられた特別任務の達成にけんめいの努力をつくした。

その間、ドイツ大本営ほか陸海軍各作戦部長などの間で、祖国の運命をかけて折衝した協定や会談事項などは、当時いずれも最高の機密に属し、外部への発表を禁ぜられていた貴重な史料である。

さて、当時を反省して思うことは、こんどの大戦で、連合側が早くからソ連の向背《こうはい》を見さだめたうえ、まず三国同盟の中間を絶ちきり、日米開戦後には世界戦略を機宜《きぎ》に進めて、次第にイタリアの一角から、つぎにはドイツ、つづいては日本へと全攻撃力を集中し、各個撃破の最終目的を達成した周到な戦争指導の実施にたいし、これに立ちむかった枢軸側の戦争指導は、果してどうであったろう。

日米開戦前後の交渉事項や太平洋を舞台とした戦争の経過などについては、すでに多くの資料や記録が刊行されているが、枢軸三国を結ぶ「ベルリン」を中心とした世界史の一章は、いまだに秘められたまま今日にいたっている。

この世界史の空白のページについては、一般の人はもちろんのこと当時の陸海軍関係者でさえ、その間の事情に不明な点を多分に残しているくらいであるから、著者の友人の中には、終戦後すでに十年を経た今日、もはや秘密の理由もあるまいし、また米英など当時の敵側もいまは盟邦友邦という仲間の間柄に変ったことでもあり、このさい秘められた史実の一切を発表することこそ、再び同じような戦争の起らぬように念願する世界中の人々に大いに役立つところであるから、私の存命中にぜひとも巻をまとめて後年の史家のために書きのこしてはどうか、とすすめる人もすくなくなかった。

ことに私が滞欧中二ヵ年半、回を重ねて、

混合委員会軍事委員長　グロス海軍大将

独大本営作戦部長　故ヨードル陸軍大将
独海軍作戦部長　故フリッケ海軍大将（後マイセル中将）
独海軍長官　レーダー海軍元帥（後デーニッツ元帥）
独空軍長官　故ゲーリング国家元帥
伊国　故ムソリーニ統帥
仏国ヴィシー政府　故ラバール首相

などと会談した記録は、大戦中の秘話として後年の史家にとっては、得がたい資料であるはずである。しかも私と任をともにした阿部海軍中将や坂西陸軍中将など、またドイツ側でもフリッケ海軍作戦部長、ヨードル大本営作戦部長その他前記の独伊側首脳者の多数が、すでに故人となっているこんにち、これらの諸氏に深厚な敬意をささげ、その霊に報いるためにも、これを世に発表する責任があると感じたこと、さらには、最近のわが国の国情をひるがえって思うとき、国民の中には、日本がなにゆえに、そうしてまたいかにして戦争に敗れ去ったかということを、ほんとうに知らされているものがすくなく、十年を経過した今日でもなお、一途に占領政治時代の戦争裁判を始めとする諸宣伝を盲信し、あれだけの大戦争に莫大な財貨と人命を損しながら、その訓えを身につけることができずに、世情混沌として往くべき道も定まらずにいるというのも、私のように実際にその場に当った経験者が、「敗軍の将、兵を語らず」で、黙して語らない点にも一半の責任があるのではあるまいかと、民主政治のこんにち、とくにその感を深くするところから、意を決して老齢にむちうちながら、あえて、この記録の筆をとった次第である。

なお本書の出版に際しては、戦時中海軍省軍務局第二課長として対外関係の主務課長であった、元海軍少将矢牧章氏の絶大な援助をうけたことを一言付記して謝意を表するものである。

昭和三十一年五月五日

著　者

目次

潜艦U-511号の運命

秘録・日独伊協同作戦

一　的はずれになって行く三国条約の効果

シベリヤ経由で戦乱の欧州へ

昭和十五年九月、三国条約が締結された当時海軍中将であった私は、華北方面の海上の指揮官から海軍省に転勤を命ぜられ、時の軍務局長であった阿部勝雄少将（後中将）とともに三国条約にもとづく軍事委員として渡欧の内命を受けた。三国条約締結の後でも、日本の国内にはこれについて深刻な批判が残っていたし、外国ではとくに米英の世論を大いに刺戟《しげき》していた折からなので、まことに責任の重いことを痛感して、さっそくその準備にとりかかった。

申すまでもなく、これからの国際情勢がどう変るかわからないときに、三国条約の中心であるドイツに使いする者の立場として、聴いておきたいこと、確かめておきたいこと、調べてゆきたいこと、最後に腹をきめてゆきたいことなど、そうした準備をととのえるのに二ヵ月の期間はまたたくまに過ぎた。この間に関係方面と話合って得たものは、だいたいつぎのようなことであった。

一　三国条約の目的は、アメリカの参戦を阻止しながら、当時の日本としては、抜き差しならぬ状態にあった日華事変を、一日もすみやかに処理することと、独伊側としては、電撃戦直後の欧州戦局をアメリカの参戦を見ないうちに有利に展開しようとする、三国共同の希望を達成することがそのねらいであった。

われわれは、とくに「アメリカの参戦を阻止しながら」という点に注目し、条約に大きな望みのかかっていることに重い責任をおぼえた。しかし、当時はやくもアメリカは、この条約があきらかにアメリカを目標としたものであると見抜いて、日本および独伊に対する態度は急激に硬化の一途をたどっていたので、われわれの任務の前途には幾多の難問題が伏在していることを予想せずにはおられなかった。

二　三国条約によって、アメリカの参戦を回避しようとくわだてたことは一面の理はあるけれども、またすこぶる虫のいい一方的なねらいであるともいうべきであって、実際には、日独伊三国の実力に対するバランスをアメリカ側がどう見るかによって条約の効果がきまるのであるから、アメリカの見方次第によっては、かえってアメリカ参戦の導火線ともなる危険を多分にはらむものであった。すなわち、条約のねらいが米英を対象とするかぎり、米英連合の世界的実力と枢軸三国の実力とのバランスを、どう見るかの問題であった。

さらにこの問題はソ連をも対象に加えて考察しなければならない問題であった。ということは、ソ連の日独側と米英側とにたいする態度が、中立的であるか、または両者のどちらに好意的であるかによって、条約のねらいは非常に狂ってくるというのが私の結論的見解であった。もっと具体的にいえば、第一にはドイツ、つづいては日本の対ソ外交をどうするか。第二には日本、つぎにはドイツの対米外交の仕向け方次第が条約の効果を発揮させるかどうかの鍵であるということであった。そこで私は松岡外相に面接して外相の意見をただした。

野村　アメリカの参戦を避けて、欧州戦争および日支事変をかたづけようという期待にたいし、はたして三国条約がものをいうかどうかは、一にかかってソ連の動向次第であると思う。海軍当局の説明によれば、日ソ間の懸案はドイツが斡旋《あっせん》してくれるとのことであったが、これはまことに同感である。そうすることによって三国条約の真の目的ともいうべき、ソ連をして日本およびドイツにたいし好意的中立の立場をとらせるように、双方の対ソ交渉を指導してゆくことがもっとも重要事であると思うがどうか？

外相　その通りである。

野村　三国条約締結以来、アメリカの日本にたいする態度が急に硬化してきたが、その腹の中をどう思うか？

外相　ルーズヴェルト大統領の人柄については、自分はもっともよく心得ている一人である。アメリカにたいする外交には、こちらから弱味を見せることは禁物である。日本の腰の強いところをアメリカの世論に反映させねばならぬ。

そこで駐米大使はぜひ野村吉三郎海軍大将に引受けてもらいたいと思っている。貴下も海軍の人であり、ことにこのたびのドイツにおける貴下の重要任務とは、不可分の関係にある対米外交の衝に当ってもらうのであるから、貴下からも切におすすめを願いたい。なお自分も、なるべく早い時期にソ連経由でドイツ、イタリアを訪ねる予定である……云々。

その後、私は先輩野村吉三郎海軍大将を渋谷の私邸に訪ね、松岡外相との会談を報告したうえ、三国条約によって新たに展開された時局の将来性などについての意見をききながら、松岡外相から頼まれた駐米大使引受けの件をおすすめしたところ、同大将は、自分にはいまのところその意志はないのであるが、ちかごろ海軍側の各方面からすすめられるので困っている際である。なんといっても海軍といえばお互いにお里だからね、などと語られた。

同大将が駐米大使として渡米されたのはわれわれの渡欧から一、二ヵ月あとのことであった。

三　私は渡欧前の研究調査、意見交換などもだいたいすんだので、新任務達成上の最後の心構えを確かめておきたいと考えて、十一月中旬ごろと記憶するが近衛首相をその官邸に訪ねた。首相は、私の上海在勤のころもそうであったが、いつも朝食を共にしながら会談してくれられた。話題は、松岡外相を訪ねた際と同じ要領で、三国条約にともなう対ソ、対米問題などについて首相の判断をただしたのであるが、主務大臣である松岡外相の見解と同じ筋の返答であった。

しかし、会談中著者の印象にもっとも深くきざまれたことは、三国条約にともなう国際情勢について、首相が深い苦悩の色をうかべていたことであった。とくにドイツ首脳部との今後の交渉について私どもの努力を要望し、ちかくドイツに派遣する新大使を物色中であるとの話も出て、私がドイツに着いたら、あるいは大使になってもらうようなことがあるかもしれないと、暗に私の意中をただすかのような口ぶりもみえたので、私はその任にあらず、願わくばあくまで軍人として任務の遂行に当りたいと答えた。私個人の問題は別として、この会談で首相の言外からうかがい得た時局の様相は、まことに深刻そのものであった。これほど深刻な問題を、なんとかしてもう一度ねり直すことはできないかとさえ思うほどであった。

以上のような経過で、渡欧前の諸準備もできあがったので、十二月中旬、阿部少将とともにシベリヤ経由で渡欧の途につくこととなった。出発の際、在独中の任務遂行について及川海軍大臣から訓令を受領した。いま私の手もとに、その訓令の文献が見当らないのは残念であるが、その要旨は『米国の参戦を喰いとめながら支那事変の急速解決をはかるのようなことのないことである。

したがって、万一ドイツとアメリカとの関係からして、日本が軍事的義務を負わされるような問題が起った場合には、回答を保留して請訓せよ』ということであった。

なおこのほか、豊田海軍次官から、三、四月ごろ入独の予定で目下準備中の陸海軍視察団がドイツに到着したうえは、私がその海軍側視察団の団長として各方面の視察を指導することになるから、あらかじめドイツ側軍部との連絡や諸準備に抜かりのないようにとの指示をうけた。

シベリヤ横断の旅行は十二月厳寒のこととて、車窓に映ずるものは曇天の空に一望の雪野原だけであった。単調な二週間の汽車旅行のあいだ、差廻しのゲ・ペ・ウ〔編集部注：GPU　ソ連国家政治保安部〕の監視をたえずうけながらも、もっぱらベルリン到着後の活動方針について、阿部少将と意見をかわしたり構想をねったりして、西へ西へと走った。

この汽車旅行の中でできあがったわれわれの構想というのは、ベルリンに到着したら、さっそく三国条約締結の当事者であった前駐日大使スターマー氏を訪ね、同氏を動かし、さらに同氏の口を通して、時局がらわれわれ軍事委員がいかに重大な使命を担ってドイツに来たか、三国条約締結後の東亜情勢の急変、とくにアメリカの対日態度の硬化などについて、ドイツ側の要路に認識をふかめさせる方法を、まず第一に実行しようとするもので、その腹案をねりながら一九四一年（昭和十六年）一月元旦モスクワに途中下車した。建川駐ソ大使に会ってソ連の情勢を聞かせてもらい、私からは三国条約締結後の日本の状況、われわれ軍事委員の渡欧任務などについて説明し、今後の協力を求めてモスクワを去った。

無事国境を越えてベルリンに着いたのは一月三日であった。

一月五日、さっそくスターマー大使を訪ねて、在独中の協力を求めるとともに、かねての腹案にしたがって同氏を通ずる情報活動を開始した。当時ベルリンには来栖《くるす》大使が在任していた。同大使にたいしても、スターマー大使と同じように万端の連絡をつけておたがいに協力を約したのであったが、二月にはいり来栖大使は帰朝することになり大島大使がその後任として来任した。このとき大島大使とともに陸軍側軍事委員の坂西中将も来任した。

渡欧後のドイツを見る

第一次大戦後のころ、海軍少佐であった私は、一九二二年（大正十一年）から一九二四年（大正十三年）までドイツに駐在して語学をおさめるかたわら、大戦の研究に打ちこんでいた。そのころのドイツは、ちょうどこんどの敗戦後の日本と同じように、ドイツ軍国主義の打破を目的とする連合軍の徹底した戦後処理と、戦争の責任はすべてドイツにあるという理由から課せられた、再起不能とも思われるほどの莫大な賠償金のために、ドイツ国民は文字通り苦難のどん底におかれていた。そして私がそのときに会っていたドイツ軍人や有識者などは、いずれも海上権力の後楯にとぼしい戦争が、どんなに不利であるかを深刻に体験したことから、その教訓としてドイツは将来いかなることがあっても再び英米を敵として戦うことはしないであろうと語るのを常とした。それなのに、その後二十年をたたないうちに、またもドイツによって第二次世界大戦が始められたのである。宿命とはいいながら、歴史の教訓は、これを挙げるにはたやすく、守るにはむずかしいものである。

その後また十年ほどをへだてて、私はふたたび在独勤務の機会にめぐまれた。一九二九年（昭和四年）から一九三一年（昭和六年）までドイツ大使館付武官（海軍大佐）としての二ヵ年におよぶベルリン滞在がそれである。当時のドイツは、ヒンデンブルグ大統領の治政下にストレーゼマンというような名外相があって国際連盟を中心とする融和政策を推進していた時代である。しかしなんといっても、尨大《ぼうだい》な賠償金の支払いのために、奴隷のような生活を敗戦後十年以上も強要されてきた当時のドイツ国民にとっては、たまたま革命ソ連が帝政ロシア時代の外交文書を発表して、第一次大戦前夜の舞台裏をあばいたことは大きな衝撃であった。ここでにわかに国民のあいだに、大戦勃発の責任はドイツよりはむしろ英仏側にあったのだという考えがひろがった。それ以来国民とくに青年層が融和政策にたいして反動的気概を起し、ナチス党の抬頭《たいとう》をうながす情勢となったのでこの勢いのままで進めば、ついには欧州の破局は避けられない結果になろうと、不安の感を心ひそかに感じつつあったのは、ひとりドイツの識者ばかりではなかった。

こんどの第二次大戦の戦後処理の経過を見てみると、講和会議はなるべく終戦直後に行わず、原則として賠償金は取らず、戦争責任の問題については第一次大戦後のドイツの失敗をふたたび繰り返さないために戦争裁判を行うとともに、強力な占領政策のもとに、教育や社会などの諸制度に大変革を加え、最後に憲法の改定を行っている。このように注意周到な占領軍の戦後処理は、どんな教訓に学んで生まれたかは、ナチス党の行跡に関連づけて考えてみれば、容易にうなずけるところであると思う。

ドイツ大使館付武官として私がベルリンに在任した一九三〇年から三一年（昭和五、六年）のころ、ちょうど満州事変勃発前後の日本内地には、早くも当時のナチスの影響などが多分にあらわれておって、満州、中国本土にたいする積極的大陸政策を支持する傾向がだんだん強くなっていた。そしてその一方、中国国民政府の排日はますます露骨になり、徹底した排日教育によって、満州と中国本土に根づよい排日運動がつぎからつぎへひろがっているという情報がひんぴんとして欧州の私たちの耳にはいってきていた。このような空気をもの語る例として、私に思いだすことが一つある。それは満州政府派遣といわれる陸軍少将以下五名の軍事使節が来独し、某会社に防毒マスク五万個を注文したという事件である。その会社の社長は、この注文を不思議に思い、この使節に何に使うのかときいたところ、彼らは、ちかく日本人を全部満州から追い出す計画である、と語ったということで、そばでこれを聞いていたその会社の社員である私の友人が、あわてて知らせてくれたことがあった。

私はドイツにあって、第一次世界大戦の残した不自然な結果を、民族的国家運動で是正してゆこうという、ナチス勃興の当時の運動を目の前に見、英米がいつまでこの運動を黙認するだろうかという一抹の不安を感じる一方、日本は遠からず、日支問題解決のために、やがては実力を行使するだろうとの欧州方面の新聞の報道を案じながら、当時の流行語であったいわゆる持てる国と持たざる国との関係において、世界に何か異変が起りそうだという予感をたえず持ったことを記憶している。このような中で私は帰朝を命ぜられ、昭和六年九月十六日、アメリカ経由で横浜に着いたのであるが、それからわずかに二日あとの九月十八日に、満州事変は勃発したのであった。

この事変がついに日本の国際連盟脱退にまで発展したことは周知のとおりであるが、今回の東京戦争裁判が、満州事変というものを一にも二にも日本の侵略行動として取扱ったことには、納得のできない点が多分にある。第一次大戦以後の国際情勢の調整に、世界全体が努力を欠いたことを見のがしてはならぬ。

今次の敗戦処理の方針がポツダム宣言やヤルタ会談できめられていたとはいえ、自由と共産両陣営の対立のさなかに立つ日本の、その政治的裁きとしては、中共、北鮮その他東亜諸国の趨向《すうこう》と日本の人口、文化の問題とをもっと政治的にバランスさせた処理が採られていたとしたら、日本はもっと世界平和に貢献し得ていたであろう。

私が昭和六年の時から、さらにふたたび軍事委員として訪独するまでの約十年間のドイツは、ヒットラーを指導者とするナチス一色の政権下に、平和条約の破棄、賠償金の支払停止、再軍備など矢つぎばやに急進政策を強行し、勢いに乗ったままついにはオーストリアを併合して、今次大戦への第一歩を踏み出していた。そしてつづいてはポーランドへの進駐となったのであるが、ここではからずも大英帝国の対独宣戦を見るにいたって、ドイツはついにまたも海上の雄イギリスと戦わなければならぬ宿命におちいってしまった。

イギリスの対独宣戦は、ドイツとしてはもとより避けたいところだったし、それにまたこんなにも早く実現しようとは予期しなかったところだろうが、ここにおいて、特異性格者といわれるヒットラーは、その得意とする電撃戦の刃を東方から西方へ切って返し、決河の勢いで軍をベルギー、オランダ、フランスに進め、大陸にあったイギリス軍をダンケルクにつきおとしみるまに、デンマーク、ノルウェーを席捲《せっけん》して大陸側からの対英包囲の態勢を確立したのであった。そしてその情勢に立って、英都ロンドンへの空襲を日々七、八十機の編隊爆撃で繰り返しておったのである。

私らの入独した昭和十六年一月ごろの戦局は、実にこのような情勢にあった。当時ドイツ国民の士気は大いにあがり、だれでもが口にすることは、ドイツ軍は日ならずしてイギリス本土への上陸戦を敢行するであろうということであった。このように西方にたいするドイツの作戦が進展しつつあった重大な時に、しかも私のベルリン到着間もないとき、私は恐るべき情報を耳にして愕然とした。それは相互中立条約の関係にあった東方ソ連との間に、ドイツはとり返しのつかない国交上の亀裂を生じたというものである。

この独ソ国交の亀裂というのは、つぎのような情報によるものであった。すなわちさきにドイツはポーランドに兵を進めるに当ってソ連と協定して、ドイツ軍進駐後のポーランドにおける勢力範囲の密約を結び、ドイツ軍がワルシャワの線に達すると同時に、ソ連もその東方地区に進駐したという先例がある。この例にならってドイツは、バルカン諸国にたいする独ソの勢力範囲を協定するため、ちょうど私たちがドイツにむかってソ連国内を通っておったと思われるころ、両国外相が会同して折衝したのであるが、そのころ西方戦に勝ち誇っていたドイツの要求が、不当に過大であったため、その会談は決裂し、ソ連はただちに大掛りに戦争準備に着手したという驚くべきものであった。

独ソ外相会談の詳細については、もとより知る方法もなかったが、日ソ間の懸案解決と、ソ連の中立ということを極度に重視し、この線にそってドイツ側が斡旋してくれることに大きな期待をつないで入独したばかりの私たちにとって、これ以上の凶報はなかった。この独ソ間の亀裂こそは、実に今次大戦をついに枢軸側の敗戦に導いた最初の大失策であって、言いかえれば、それはまた英米側の対ソにおける大勝利でもあった。

三国条約については、日本の一部に強い反対のあったことは前にも書いた。私はドイツ駐在の経歴者として、この条約締結の根拠となった点、すなわち『支那事変を解決するために、欧州戦局における決定的なドイツの優位を利用すべきである』という主張も容易に理解できるが、その反面、一層の不安もあった。今回、軍事委員として渡欧の準備をすすめるかたわら、政界、官界、財界の有力者に会って率直な意見をきいて回ったのもそれがためであった。すでに条約が締結された以上、公然とした反対運動や挑発的意見は認められなかったが、朝野はこの条約を中心として警戒的な言論の多かったことは事実である。たとえば『この条約は必ずや英米を敵にまわし、その結果日本は欧州の戦局にまき込まれるであろう』とか、あるいはまた『この条約は日本に利益するところはほとんどない。日本の国力は支那事変のためにもう限度にきている。独伊と組んでの危い橋を渡る前に、まず支那事変を片付けよ』という意見である。

私が軍事委員として受けた訓令のなかでも、三国条約を効果あらしめるか否かは、米国の態度とソ連の動向とが鍵であることを明らかにしている。それなのに、この条約が締結されてからというものは、早くもアメリカは日独にたいして開戦直前ともいうべき強硬政策を打出してきているし、加えていま独ソ間の国交に亀裂がはいるにいたっては、もはやソ連の動向も決定づけられたとみてよい。日本はこのまま三国条約の船に乗って、はたしてその目的の彼岸に着き得るかどうかという重大な場面に達したのである。

そのころ西方電撃戦中のヒットラーの声望は、あたかも旭日を東天に仰ぐの感があった。

ドイツ国民は、このような不世出の英傑を生んだのはドイツの誇りであると自慢し、フレデリック大王の再生であるともたたえてハイル・ヒットラーの尊称を捧げ、ヒットラーの出入する停車場では、いつでも数万の群衆が歓呼してこれを送り迎えするという光景であった。

このようにドイツ国民は今さらながら再建ドイツ軍の精鋭さに信頼し、天下無敵の誇りを感じ、人心はヒットラーの意のままに動いている有様を、私は自分の目ではっきりと見ることができた。そのドイツの状況が当時の日本に強く反映したことはこれまた当然であったろう。

ドイツ、イタリアの前線、銃後をみる

日本海軍が明治の初年に創設されて以来、その海軍がながいあいだわが国工業技術の指導的役割にあたってきたことは、だれしも認めるところである。

もともと軍艦は各種技術の綜合体であって、造船、造兵、電機など各部門に卓越した性能を持つと同時に、各部門の要求を綜合調整して、軍備としての要求にかなうように造られなければならない。このような艦船兵器を完成するためには、血の出るような苦心と努力が払われたことはいうまでもない。飛行機や潜水艦のような近代兵器に至ってはなおさ

らのことである。

ところがわが国の技術は、とくに綜合技術の点で先進国に追いつけない弱点がいつまでも残っていた。日露戦争中の東郷艦隊は、ほとんどその全部といっていいほど外国製の軍艦ばかりであった。それが、筑波、生駒などの装甲巡洋艦を国内で建造することに成功してから、はじめてわが国の造艦技術と民間工業の能力は急速度の進歩を見せたのである。そして第一次大戦後の八八艦隊建造時代にはいっては、驚異的発達をとげ、とくに飛行機、潜水艦の進歩は実に目ざましく、三大海軍国として量においても質においてもだいたい英米と同じ水準に向上し、中にはそれをしのぐ、性能を持つものさえもあった。

後進国としての工業技術の遅れをとりかえすためには、海軍は（陸軍も同様と思う）年々歳々多数の技術者を先進諸国に派遣して調査研究をさせ、また新しい技術機械などを見つけたときにはすぐさまこれを買入れて研究資料に供することを怠らなかった。

このように海軍はわが国の技術の独立性確保と発達のために伝統的に非常な努力を傾けたものである。しかしながら、残念なことには技術にたいする一般国民の理解がとぼしいうえに、技術に直結した強力な政治がなく、法文万能の組織の中でせっかく卓越した発明が捨てて顧みられない間に、列国に先鞭をつけられて、痛恨の血涙をのむこともたびたびであった。いまでこそだれでも知っている例のレーダーのような電波兵器なども、実にこの適例の一つである。

このような国内事情に加えて、日華事変が泥田に足を突っこんだように、政治的にも経済的にも動きがとれず、非常な重荷になっているとき三国条約にたいする報復手段として、アメリカが日本に経済圧迫をつぎからつぎへと加えてきた結果、たとえばこれまでアメリカから買入れていた工作機械のようなわが国の軍備充実に必要な重要器材などが輸入杜絶となったので、わが国としてはこれをドイツに求めるよりほかに方法が無くなった。それで三国条約のおみやげとして軍事視察団をドイツに派遣し、欧州の戦線やドイツ、イタリアの銃後の工場運営などを視察し、軍需器材購買の円滑な関係を実現することとなったのである。

三国条約にたいする海軍の見解、またはその主張はすでに知ってのとおり、あくまでアメリカとの戦争を避けねばならぬというのであった。すくなくとも私らの渡欧当時にあっては、開戦を予想するような声はまったく聞かれなかった。しかし万一の場合に備える国防の重責を背負う海軍として、その当局が三国条約を利用してドイツから技術や物資の導入をはかったことは、当然でもあり、また時宜にも合った処置であって、開戦を予想するどころか、どこまでもアメリカが参戦してくるのを避けようと苦辛努力していたことは私が東京を出発する前に、部内各方面との接触で十二分に確認することのできたところであった。

以上のいきさつから陸海軍軍事視察団が編成され、陸軍視察団は山下奉文《ともゆき》陸軍大将（当時中将）を、海軍は私をそれぞれ団長として、陸海軍とも各方面の技術権威者をすぐった将官以下二十数名が、二月頃からつぎつぎと入独することとなった。

視察団の行動や調査事項などの詳しいことはここではぶくが、とにかく四、五、六の三ヵ月間独伊戦線と銃後を視察し、最新の兵器機械の消息を知ることができて得るところが多かったが、独ソ開戦の危険信号が上ったので、急いでドイツを離れて帰国することとなり、別に軍事委員の任務をおびた著者と阿部少将が視察団とわかれて欧州に留まったのである。

視察団の重要視察事項のなかで、とくに一つだけふれておきたいことがある。それは今次の大戦役の勝敗に決定的役割を演じたレーダー兵器のことである。電波兵器は、日本の学者が早くからその研究に先鞭をつけていたことは内外の学者識者がみな認めているところであるが、残念ながら綜合技術面の未熟と材料科学の遅れのために、日本の工業技術界では、この優れた発明を早く兵器をまとめ上げて祖国の運命をかけた大事な戦争のお役に立てることができなかった。

視察団がドイツ海軍を視察したころには、すでに多くのドイツ艦船にこの兵器が、取りつけられておった。そこで日本海軍としては一日も早くこれを装備するため、視察団のなかの電波兵器の専門家故伊藤庸二海軍技術大佐（当時中佐）を一足先きに帰国させ、それ以後同大佐の手で日本海軍における電波兵器の完成に当らせたのであるが、戦時中この兵器についての米英の技術はまことに日を争う目ざましい進歩ぶりであったのにくらべ、日本の技術はついに終戦までその遅れを取りもどすことができずにしまった。この兵器がこんどの大戦でどれほど決定的な役割を演じたか、そしてまた遅ればせながらこの技術を日本海軍がまとめ上げて、その取扱者の育成にどんなに苦心したかなどについては、後章で述べるであろう。

ドイツの英本土上陸戦準備の実情

私たち海軍視察団の一行は、ドイツ海軍の案内で、昭和十六年四月、今にも決行するであろう勢いを示していた英仏海峡におけるドイツ軍の英本土上陸作戦準備状況を非常な関心をもって視察した。

ドイツ空軍のロンドン爆撃は、つい最近まで支障なく行われていたが、ちょうど視察団が英仏海峡の視察を始めた頃から次第に下火となっていた。その理由をドイツ側の説明できくと、ドイツ空軍の爆撃はこの年の初頭以来毎日七、八十機の編隊で繰り返され、ロンドン市内にはほとんど一町四方ごとに爆弾の跡が見られるほどで、そのためにイギリス政府はカナダ移転をひそかに計画中であるという報道さえ一部に伝えられたくらいであった。ところが最近、イギリス側に優秀な性能の戦闘機が現われ、これに撃墜されるドイツ側の損害が爆撃ごとに二十機内外にも達する状況となり、ドイツが一九三三年以来非常な苦辛と努力で再建したドイツ空軍の飛行機が、ここで早くも旧式化したことが暴露され、ドイツはあらためて飛行機更新の必要に迫られているという実情が、ロンドン空襲下火の原因であるとの話であった。戦時の技術競争の激しさがここにも現われていたのである。

また英本土上陸作戦準備の中でも見のがすことのできない重要なことがあった。それは上陸用舟艇《しゅうてい》についてである。われわれの視察の目に映ったところでは、英仏海峡付近の港湾にせよ河川にせよ、沿岸地帯のおよそ水という水のあるところいたるところに、無数と言いうるほど多数の上陸用舟艇が集積されていた。ところがこれらの舟艇はいずれも欧州本土内の河川、運河用の運貨船であって、その速力は六ノット以下という性能の低いものが多かった。ドイツ側はわれわれにたいして、上陸作戦の見地からこの集積された多数の舟艇について所見を求めたので、われわれは海軍軍人としての専門的立場から、英仏海峡の潮流は最大六ノットに達することを指摘し、しかも敵方のイギリスが偉大な海軍国である点からして、このように性能の低い舟艇で、海峡を横断して上陸作戦を敢行することは背後の沿岸砲台や、ドイツ空海軍などの優秀な掩護と天候にめぐまれないかぎり、冒険ではなかろうかという意見を述べざるをえなかった。しかし、ヒットラーの命令とはいえ、よくもあれほど多数の舟艇を集めたものだと、徹底したドイツ軍のやり方には感心せざるをえなかった。

独軍の英本土上陸作戦は、ついに諸準備完成の最後の段階にいたって中止され、ドイツの作戦はバルカン方面へそのホコ先を向けかえていったのであるが、あらゆる努力をはらってここまで準備してきた英本土上陸戦を中止しなければならなかった事情は、いったいなんであろうか。人によってはこの中止を惜《お し》んで、ドイツ軍は天与のチャンスを逸したとさえいう人もあったくらいである。

上陸用舟艇の欠陥については述べたが、しかしこれも、背後沿岸に建設された長射程砲台の掩護射撃でおぎなうことは必ずしも不可能とはいえない。むしろ私の信ずるところでは、その主要な理由となったものは、ドイツ空軍はこのとき早くも時代おくれになってしまった、というドイツ軍首脳の認識であったろうと思う。こういう見方からすれば、このとき戦線にはせ参じたイギリスの新鋭戦闘機はイギリスにとっては実に殊勲の戦闘機であったと言うことができる。このころの英仏海峡をはさむ対勢は、手に汗をにぎるような息づまる感じで、イギリスにとって正に一大危機であったといえる。

松岡外相の訪独とバルカン戦

ドイツのバルカン作戦は、この地域がいずれも弱小な国々なので、ここでは戦闘というよりはむしろ兵を進めて、ドイツの軍事的経済的勢力範囲を拡大するという性格のものであった。とくにルーマニアの油田地帯やライン、ダニューブの両河を結ぶ経済的動脈の確保などが作戦目的の主要な狙いである。しかしこの作戦はさきにも述べたように、独ソ間に円満な事前諒解がなく強行された点に、問題の危険と険悪な空気とが残されていた。

松岡外相はちょうどこのような情勢のさ中に来独したのであった。外相が独伊首脳との間で行った会談の内容などについては、在独の私らにさえも秘密にされたほどであったが、おそらく外相としては、さきに東京で三国条約を締結する際、スターマー全権と取りかわした会談の線について独伊側の真意をたしかめ、欧州戦局の見とおしを立てた上で、日本の対ソ、対米英外交の方針を定めようという構想で、独伊首脳と会談したものと想像しておった。

外相がベルリンに来た当時は、私らは軍事視察団に加わって旅行がちであったし、外相の方でも予定がつまっていて、ゆっくり面接会談をする機会が得られなかったので、わずかに一度だけ招宴の席で短い雑談を交わしたにすぎなかったのは、かえすがえすも残念なことであった。このようにして松岡外相は独伊首脳との会談を終り、帰国の途すがら、モスクワに立寄って、突如として日ソ中立条約を結んだのである。

訪独中の外相が、独ソ間にみなぎっていた険悪な空気を見逃すはずがなかったことはいうまでもない。しかも松岡外相は、三国条約を結ぶ際諸情勢を判断してソ連の帰趨《きすう》を十分に検討したはずでもある。私はさきにも述べたとおり、日本を出発するとき、すでに、この点について外相に質問をしたのである。それにもかかわらず、こんどにわかに外相が日ソ不可侵条約を結ばなければならなかったのは、何の理由によるものであろうか。三国条約締結後わずか半年の間に、欧州の政情戦局には非常な変化が見られ、一つ誤まれば三国条約締結の前提や目的は根底からくつがえされ、アメリカの参戦を促し、日本もまた欧州戦に捲きこまれるという極めて危険な、しかも微妙な情勢にあったのである。

当時の経過をたどってみれば、

昭和十五年九月　三国条約締結、米の対日態度硬化

同　十二月　独ソ外相会談決裂、独ソ国交亀裂

昭和十六年一月　著者らドイツに入る

同　四月　ドイツは対英上陸戦を中止してバルカン戦に移る

松岡外相来独

同　五月　日ソ中立条約締結

同　六月　独ソ開戦（二十二日）

このとおりで、情勢は刻一刻と変転していて、それはおそらく外相の予測に反したものであったと思う。三国条約の締結と同時に、アメリカはイギリスにくみしてソ連に接近し、そしてこのソ連の動向だけが決定符として残されていたのである。力のバランスがものをいうこの時に、日ソ中立条約の成立は、ソ連をして東方アジアに不安なく、もっぱらドイ

ツに対抗させ得た以外の何物でもなかった。たとえ日ソ間に中立条約がなくても、日本からソ連に宣戦しないかぎり、ソ連から日本に宣戦するというようなことは、当時の状況では絶無であったということができる。ソ連がドイツを叩くようになれば、ドイツは日本にソ連の背後を衝いてくれとか、その他日本と英米などとの関係においても、三国条約を楯にとっていろいろと日本に要求してくるのは当然で、そのあげくは結局日本が欧州戦に捲きこまれることとなり、三国条約の狙った『アメリカの参戦を回避しながら欧州戦を東亜に波及させず、日ソ間の懸案はドイツが斡旋する』という筋書は成り立たないこととなる。このような事態がくるとすれば、もともとその禍根は三国条約の締結に帰されなければならないが、締結の当初からソ連の向背が問題であったのだから、外相がこんどの訪独によって三国条約の運用とその効力をどのようなところに求め、そしてまたどんな腹組みをつくって帰国するか、このことはそのまま国家の重大運命に直結する問題であったのである。

松岡外相が去ったあと、ドイツのバルカン戦は順調に進み、ドイツ軍はチェッコからハンガリア、ルーマニア、ブルガリア、ギリシア方面の全域を制圧して、次第に欧州における軍事的経済的覇権の確立——いわゆる欧州新秩序の建設に着手しはじめたのであった。

ところがバルカン作戦の進行について、ソ連の開戦準備に関する諸情報がひんぴんと伝わり、険悪な空気が欧州の天地にみなぎってきた。これに対するドイツ側の態度も、事ここに至っては独ソの開戦はもはや避けがたいという判断から、対ソ作戦準備を進めていることが、軍事視察団とともに旅行中の私共の耳にはいってきた。

当時ドイツの戦争資材、軍需弾薬などについての情報として伝えられていたところでは、ドイツはベルギー、オランダ、フランス、デンマーク、ノルウェーなどにたいする西欧電撃戦から、このときのバルカン作戦に至るまでの全作戦を通じて消耗した軍需資材は、一九三三年以来準備蓄積していたもののわずか二〇％内外に過ぎなかったといわれ、しかも当時のドイツの軍需生産は昇天の勢いで向上していたのである。ただそのなかでの問題は、航空機更新の点であるが、対ソ戦に関するかぎりでは、在来の飛行機で十分に威力を発揮できる自信があるとのことであった。

私はこのような情勢の激変を深く心配して、旅行先から前後二回ベルリンに帰って、ドイツ海軍長官と大島大使に意見を述べ、ドイツ側の再考と大使の善処方をうながしたのであった。

そのころ大島大佐は再任して日が浅かったにもかかわらず、声望が高く、リッペントロップ外相の信頼も厚く、したがって三国条約につながる外交上の重要な問題はすべて外相と大使の間で進められていたので、独ソ開戦のこの重大危局にあたっては、とくに大使の善処を促した次第であった。

また私とドイツ海軍長官レーダー元帥とは、私が海軍武官として在任した時代以来、ながくその知遇を受けていた間柄であり、軍事委員としての私の任務を遂行するにあたっては、まだ委員会が成立しない間じゅうは、おもにレーダー海軍長官の線を通すことが好都合だったので、こんどの独ソ開戦の問題についても、この線を通して私の意見を反映させる手段をとったのである。

昭和十六年四月、私が前後二回にわたって、レーダー海軍長官に熟慮を促した意見はつぎの趣旨のものであった。

【私の進言】

ちかごろ独ソ開戦についての情報をしばしば耳にするが、独ソの開戦はドイツにとってもまた日本にとっても、致命的な結果をひきおこす。なぜならば、ドイツは現在すでにイギリスと交戦中であるうえに、アメリカの態度は三国条約以来、事実上イギリスにくみして参戦一歩手前の支援を行なっているこのとき、万が一にも独ソ開戦となれば、ドイツにとってはまさに一九一八年第一次大戦最後の段階を再現することを意味し、またまた両面作戦の危険を犯すこととなる。

また日本にとっては、このために三国同盟の連絡が中断され、日本は極東に孤立することとなる。これはまことに容易ならぬ問題であって、三国条約締結当時の話とは大いに違う。独ソの開戦を喜ぶものはただ英米側だけである。なんとか外交上から開戦を避ける余地はなかろうか。

この私の意見にたいして、レーダー長官ははじめの会談の際には、ご意見承りましたといった程度の応対で多くを語らなかった。ついで五月初旬、私が視察団に加わってイタリアに出張していたころ、独ソの開戦に関する情報をイタリア側から、ひんぱんに伝えてくるので、私はまたも視察団から離れて単身ベルリンに帰り、レーダー海軍長官を訪問して前回と同趣旨の見解を繰り返して申しのべ、長官の考慮を求めたのである。

この二度目の訪問では、長官は案外に独ソの開戦は避けえられない状況にあることをほのめかして「ご説はもっともであるが、万一のことがあるとしても、それは宣戦してきたイギリスにたいしドイツが報復する前提として、まず早いうちにドイツの後方を固めるというそれだけのことにすぎない」とのこと。こうなってはもはや、開戦回避は絶望であると考え、私はただちに本国へ急報した。

このような際大島大使ともこの問題について意見を交換する機会をしばしば持ったのであるが、大使は来るべき夏秋の時季に、破竹の作戦を実施してソ軍をウラル以東に駆逐し、欧ソの死命を制するというドイツ側の作戦に、ふかく期待をかけているような口ぶりであったし、他の陸軍武官の中にも、いまこそドイツとしてはソ連を叩く絶好の機会である。開戦を躊躇することには賛成できないと語る人もあって、在独の陸海軍の間でさえも意見の対立が見られたのであった。

情勢はこのように急速度に進展したので、レーダー長官を通しての私の意見はついにドイツ首脳部を動かすことができず、昭和十六年六月二十二日ドイツ軍はヒットラーのいわゆる「余は敵と一戦避け難しと見たる場合には、先に刀を抜く人間である」というその言葉どおり、決河のように国境を越えてソ連に侵入して行ったのであった。

私は松岡外相がモスクワで結んだ日ソ中立条約について、私の所見を重ねてここに挿入して後世史家の研究に役立てたいと思う。私の所見というのは、松岡外相はつぎのように処置するのがよかったというのであって、このあと、日米交渉が進むにしたがいますますその感を深くしたものである。

『松岡外相は在欧中その全力をつくして独ソの開戦を阻止すべきであった。なんとなればそれが三国条約の生命であったからである。もしドイツが外相のこの努力を受け入れず協力しない場合には、三国条約は死んだと同様であるから同条約にたいする考え方を変えるべきであった。』

ツンボ桟敷から日米交渉を見守る

独ソの開戦により、米英の独伊および日本にたいする圧迫が、さらに強化されてきたのはもちろんのことである。独ソ開戦後間もなく活発な日米交渉の幕が切って落されたのはその現われである。交渉の経過については、在欧のわれわれにはそのつど知らせてこなかったので、交渉の進むにしたがい、日本は三国条約を脱退するのではあるまいかといったような風評が欧州の一部に流れはじめた。

三国条約に関する軍事委員という肩書で在欧している私としては、知らぬ存ぜぬでもすまされないし、また脱退するとすれば、そのつもりで応対しなければならず、おまけに独ソ開戦によってドイツ首脳部の考え方は、複雑になってきているし、それやこれやにはさまって、私としてはその後ながいあいだ重苦しい立場にたつことになった。

日米会談の状況を知るのには、ドイツの新聞は当てにならないので、スイス新聞の報道によって、ワシントン・東京のその日その日の状況を追って行くよりほかになかったが、このような立場で、あれこれと日米交渉の前途を想像しながら、私は私なりにつぎのような考え方の中へ自分をおいていた。

一　たとえ日ソ間には中立条約が介在していても、独ソが開戦した以上は、日、独、伊三国にたいする英米ソ三国のバランスもはっきりと見透しのつけられる現在、アメリカの参戦はあくまで阻止しようなどという三国側の意図を、アメリカが察知すれば、アメリカは当然ますます強気に出るはずであって、現に示している露骨な Short of War（交戦一歩手前）の対独、対日態度は、この点から割り出したものであろう。

二　進行中の日米交渉の内容は、もちろん不明であるが、スイス新聞の伝えるところがおそらく本筋であろう。そうとすれば、結局は日本の三国条約脱退というところまで行かなければ日米交渉はまとまるまい。

三　三国同盟からの脱退がむずかしいとなれば、勢いのおもむくところ、結局は世界戦争にまきこまれるのではあるまいか。そしておそかれはやかれ、日米両艦隊の太平洋上における一大海戦となるだろう。

四　万一日本の三国条約脱退によって、日米交渉が妥結する場合には、われわれ軍事委員の立場は、さながら木にのぼって梯子をとられたようなことになるが、そのような場合、ドイツ側にたいするわれわれの応酬態度としては、三国条約締結当時の精神から離れて独ソが戦うこととなったために、日本が極東に孤立させられた必然の結果であるという線で話をしよう。

五　われわれとしては、最後までアメリカの参戦を阻止すべきであるという態度でドイツ側にたいするのはもとよりのことであるが、万一日米開戦となった場合、はたして独伊がただちにアメリカに宣戦するかどうか、それを見さだめることについても、われわれはあらかじめ準備をしておかなければならない。

というように、いろいろと考えた結果、私はつぎのように腹案を決めたのであった。

一　進行中の日米交渉の経過については、すこしも欧州のわれわれには知らせてこないが、われわれとしては、欧州で観察しているところを遅滞なく意見具申しなければならない。それほどに欧州に反映する日米関係は急迫し、同時にこれにともなって、三国枢軸間の関係は機微なものになってきていると判断する。

二　ドイツ側に対する日常の応酬態度としては、つぎのような線で対処する。

(イ)日米交渉は、日支事変として日本がながいあいだ実力を行使してきた支那問題について、なんとか日米間に妥協点を発見しようとする努力である。しかし双方の主張には、相当の開きがあるようであるから、交渉の妥結はあるいは望みがたいかもしれない。

(ロ)日露戦争の時でも、当時の日本は一年余にわたって、問題の平和的解決に努力したほどであるから、日米交渉もやはり相当の時間をかけて見守るべきである。

以上のように腹を決め、すぐにも公式の軍事委員会席上で、ドイツ首脳部の意図を確かめる必要があると考えて、私は一九四一年（昭和十六年）七月十一日付でドイツ軍事委員長（予定者）グロス海軍大将につぎのような書翰《しょかん》を送ったのである。

米英の意図するところは、

(イ)ソ連を支援し、独ソ間で戦争をさせよう。そうすれば日独の間は長期にわたって遮断されるであろう。

(ロ)イギリス対独戦の発展にたいしては、アメリカは対独不宣戦のまま、実質的な同盟者としてあらゆる援助を与えるであろう。

(ハ)日本に対しても、開戦一歩手前の強圧的態度によって、ますます経済圧迫を強め、できるならば、日本を三国同盟より脱退させようとするであろう。三国条約が当面している情勢は、これほど急迫していると思われるので、すみやかに公式に軍事委員会を開催されたい。

この私の書翰にたいし、グロス氏はつぎの回答をよせてきた。

(イ)対ソ戦は長期戦にはならないで、遠からずかたづくものと思う。

(ロ)英米の対欧封鎖にたいしては、すこしも心配の要はない。

(ハ)まずソ連にたいして、その戦争の目的を達すれば、ドイツはイギリスに全攻撃力を指向するであろう。したがって日本もこの際、ドイツとともにまずソ連を、つぎにイギリスを叩くことに決定してはどうか。

この決定のもとに、軍事委員会の開催を希望されるならば、大島大使からリ外相に申込まれたい。

というのであった。

(註)　米国と戦わないようにという根本の考えはこの書信の中にもうかがい知ることができる。

そこで私は一九四一年七月二十六日付で、もういちどつぎのような相当突っこんだ書信を送った。

(イ)独ソ開戦のため、日本は三国同盟から東亜に遮断されるにいたった。これは三国条約成立当時の、一致した意見や了解とははなはだ相違するものであって、同条約はこのためになかば死文化してしまった。

(註) これは万一日本が三国条約を脱退する場合があるかも知れない考慮から述べたものである。
(ロ) 日本は天皇の国として、最近御批准になったばかりの日ソ中立条約を、日本から破棄することはおそらくできないであろう。
ことにアメリカが、最近独伊および日本にたいしてとっている、挑戦的な態度は、まことに一触即発の危急な状態をつくりだしている。

ついては、この情勢の下で、つぎの二つの見解あるいは態度が予想されるが、そのいずれが三国の利益になると考えられるか、かさねて御意見を知りたい。

(註) 日ソ中立条約が、日本の外交折衝上の自由をどれほど束縛したかは、私らのこれまでの論争のなかからひとりでにうかがい知ることができると思う。

第一 日本および独伊は、結局においてアメリカとの交戦を避けえないと思われるか。

第二 また、アメリカのどのような態度にもかかわらず、三国はあくまで隠忍すべきであろうか。

これにたいして、グロス氏は一九四一年八月八日つぎの回答をよこした。
一 アメリカの参戦を牽制し、できるならその参戦を食いとめることは、日独伊にとって有利なことではあるが、そのためにアメリカに時間の余裕を与え、アメリカに一層援ソ、援蔣、援英等の政策を強化させ、そして連合側への全般的な協力に拍車をかけさせる不利がある。

二　日本はアメリカの戦争準備がまだ不十分なのに乗じて、すみやかにまずドイツとともにソ連を叩き、アジアにおける日本の戦略的地位を固めてはどうか。

三　アメリカは日本との衝突を避けたい考えであると判断する。なんとなれば、日本と衝突すれば援英、援ソ、援支などへの努力は、必然的に低下するからである。

しかもアメリカと日本との戦争は、太平洋を隔てての戦争であって容易なことではない。

（註）この回答は私の質問にたいしては、焦点をはずしたものであるが、アメリカの戦争準備にはなお多くの時間がかかると思うから、当分はアメリカにたいしては、従来の参戦を避ける方針を続けながら、まず現に進行中の手近いところから着手してはどうかという、ドイツ側の見方にもとづくものである。

このようにグロス氏との間で書翰のやりとりをしているときに、たまたま私はフリッケ海軍作戦部長と会談することになったので、このグロス海軍大将と応酬した要点について、フリッケ氏と意見の交換をした。同作戦部長はドイツ海軍きっての熱血漢である。

「日本は祖国永遠の運命を開拓するため、いまこそ断乎として立つべき時である」と前置きして私にその見解を強調したので、私は「御意見のおもむきを書面でくわしく知りたい」

と告げたところ、同氏はこれを快諾し、その後まもなく八月十八日付（昭和十六年――一九四一年）で、個人の意見であるがとことわってつぎの要旨の長文の回答をよこした。

一　日本の対ソ戦加入は、ドイツとしてもっとも希望するところであるが、日本がもし南方戦を決意する場合、北方に事を構えることは不利と思う。

二　日本はアメリカの恫喝《どうかつ》に屈しようとしているが、アメリカの威嚇《いかく》の裏面には、どんなに大きな対日不安がかくされているかを見抜かなければならない。

三　日本はいま断乎として立つべき時である。そしてすこしも早く東亜不敗の態勢を確立すべき時である。現在日米の対勢を比較してみるのに、両者の戦略的立場は、とくに海軍作軍の領域では日本に有利であると考える。

四　アメリカの政策は、公然と戦争に加入することを避けて、十分に準備の時間を稼ぎながら、戦争の長期化をねらっている。それゆえに今こそ日本の果敢な行動が望ましいのであって、そうすることこそ東亜における日本の態勢をむしろ有利に導くものと信ずる。

五　独ソの開戦は、おそかれはやかれの問題であって、したがってソ領を経由する日本とドイツとの連絡も時間的に制限づきの問題であった。しかしソ連はドイツによってかならずや打破られるであろう。

（註）フリッケという人は、すでに故人となったが出色の軍人で向ういきの強い人であった。そ

のためか対ソ戦に対する判断を渋ったのは同氏のためにおしむところである。

六　今日ではドイツも日本にたいしてできるかぎりの支援を与え得ると思うが、数年後にはおそらくはいろいろの事情が困難となるであろう。

七　アメリカの参戦阻止は、日本の消極的な妥協政策だけでは得られるものではない。むしろ日本の断乎とした態度だけがよくこれをなし得るであろう。

このようなフリッケ作戦部長の強硬な所論は、日米開戦直前のドイツの内幕をつづる欧州戦史に、その一ページをかざる貴重な文献と思われるが、すでにフリッケ大将も亡く、ドイツ側保管の原稿もおそらくは見当るまいから、ただこの著者の手許にある上述の記録だけが唯一の資料であると思う。

しかし、ここで付言しておきたいことは、グロス意見とフリッケ意見の間には、多少の相違が見られる点である。フリッケ意見には、もし日本が南方に進出することになればという前提がふくまれている。これはあとで内々に調査してわかったのであるが、グロス意見はドイツ政府および軍部側を代表した意見であるのにたいし、フリッケ意見は、レーダー海軍長官の目を通さないフリッケ海軍作戦部長かぎりの意見であったということで、それだけに一層興味深かった。

私はフリッケ海軍作戦部長と意見を交換したすぐあと、レーダー海軍長官と面談した。そのとき同長官はグロス大将から貴下に示した意見は、自分も同感であると、グロス意見

を支持したうえ、

(イ) 英米は大西洋会談、モスクワ会談等々の政治的ジェスチュアを交換しているが、ドイツのソ連にたいする果敢な攻撃とその効果の続くかぎり、アメリカは絶対に参戦することはないだろう。

(ロ) 最近ワシントン在勤のドイツ陸軍武官が、アメリカのきわめて有力な筋から入手した、もっとも信ずべき情報がここにあると、長官はつぎのことを電文のままで私に示した。『アメリカは日本が直接フィリッピンその他のアメリカ領土に手をつけないかぎり、たとえ南方の英領、蘭領、北方のシベリヤのいずれに進出しようとも立つことはない』

(ハ) そしていま、日本は東亜において自国の運命を開拓する絶好の機会に際会している。

と語った。

この電報は、いまになってみれば、謀略電報のようなふしがないでもないが、当時の情勢では各国が虚々実々の情報戦で、おたがいの腹をさぐりあっていた最中でもあるし、また日本の実力がまだ強くものをいっていた当時のこととしてはあり得ることとも思う。現に、私が日本に帰ってから海軍省で聞いた話であるが、日本の陸海軍作戦当局のあいだで、レーダー長官のいうように、フィリピンなどの米領土を避けて、ボルネオ方面進出の作戦を研究した事実がある、前にしるしたレーダー情報がこの研究の動機となったものであるかどうかはしらないが、このへんは後年の研究にまかせよう。

さてここで、前記三者の意見を綜合すると、だいたいつぎのような趣旨に要約される。すなわち「対ソ戦」の是非については多少の意見の相違はあるにしても、日本は南を目ざすにしても、北を目ざすにしても、とにかく、この機会こそ思いきってたつべき時であると、強調する点では完全に一致している。このころドイツ軍は破竹の勢いでモスクワに向っていた。ドイツの首脳部が常に自信をもって語り、日本の朝野が眩惑させられたほどのすさまじい、追撃ぶりでもあった。

私の意見はしばしば主張したとおり、独ソの開戦によって、日本は不利を受け困難な立場に追いこまれたというのであるが、これにたいするフリッケ、レーダー、グロス三人の意見の綜合は、『もともと信用のおけないソ連であるから、独ソの開戦も時間の問題にすぎない。要はこの現実の変局に際し、日本は具体的にどうするかの問題である。共産ソ連の世界革命の危険をいまのうちに取りのぞこうとするドイツに協力して、東方から対ソ戦を展開するか、さもなければ断乎南方に進出するか、そのいずれなりとも態度を決めなければならない重大岐路に、日本は立たされている』と語っている。

いうまでもなく、私がドイツの各方面の首脳と折衝会談した目的は、私に課せられた任務の範囲内で、祖国のために私の意見をドイツ側に反映させようと努めたこともちろんではあるが、そのほかにもう一つの大きな目的は、ドイツ首脳部の意向をできるだけ早く日本に伝えて、中央部の判断に役立てたいということであった。これこそ世界変局の震源地であるベルリンに滞在する私としての切実な念願であったので、私はドイツ側首脳部の意見が手にはいるたびに、これをそのつど東京へ電報したのである。その私のベルリンからの電報が、当時の政府大本営会議などでどんな反響をよんだかは、いまこれをここで詮索するつもりはないが、これらの会談はいずれもモスクワに向って進撃中であったドイツ軍が冬将軍の急襲をこうむるに先立つ一ヵ月以前の事であって風雲最も急をつげていた時であった。

そうしているうちに、十二月八日真珠湾攻撃の飛報が青天《せいてん》の霹靂《へきれき》のようにベルリンへ伝わった時には、私としては窮鼠ついに猫を咬んだか、という直感に打たれ、そしてあまりにその意外なるに驚いたのであった。私と意見をたたかわしたドイツの首脳部も、日本の思いきった決意には敬意を表しながらも、こうもいきなりアメリカに戦争を仕掛けたことは、ドイツ自身が意図した対米措置の方針とも多少の食い違いがあったようで、丁度そのとき初回のモスクワ周辺の戦線で冬将軍の早期来襲をうけ、みじめな状態に追いこまれていたときであったので、ドイツ側にはほっとした安心の色も見られ、また一方総立ちになってさわいでいる米国の姿を思い浮べ顔にして、私にいろいろと質問を浴びせるなど複雑な表情であった。

ドイツ側首脳部の考え方としては、日本が南方に出る場合には、おそらくは結局のところアメリカとの一戦を覚悟し、まずいわゆる当時のA、B、C、D経済封鎖の一角である南方ボルネオ油田に手をかけ、これが動機となって、イギリスとの間に交戦状態に入るような戦争指導をとるものと想像していたようである。すなわち日本がアメリカとの一戦も辞さない決意と態度を持ち、その一方ではドイツの対ソ戦が効果的に進んで行くかぎりは、アメリカは参戦しないであろう。アメリカの参戦を阻止できるものは、日独の断乎たる態度のみであるという考え方であって、既述したレーダー海軍長官などの見解も、ちょうどこのような線に沿うものであった。

東京の状況を知らされていない私らとしても、アメリカの参戦を阻止するということが条約上の約束になっているので、万一最悪の場合でもまずイギリスとの間に交戦状態が起り、その後全局の情勢がいよいよの場合となったとき、はじめてアメリカ艦隊の来航となり、日米海軍間の一大海戦によって、東亜全局の勝敗が決するであろうと考えていた。

このような次第であったから、十二月八日の真珠湾攻撃の飛報に接した時の、驚きと感慨はまことに無量であって、ただ熱涙が目にあふれるばかりであった。

日米開戦にともない、独伊が文句なしに対米宣戦をするかどうかということは、常に私どもの念頭から去らないことであったが、ヒットラー、ムソリーニの独裁的指導下にあった独伊としては、真珠湾攻撃の戦果が絶大であった点もあって、案ずるよりは生むがやすく、すらすらと独伊の対米宣戦が行われた。しかし日本からは戦況について詳しい連絡がないままに、私たちは祖国の前途を案じながら不安の日がつづいた。

アメリカを強腰にさせたドイツのモスクワ敗戦

独ソ戦がドイツ軍の電撃的侵入によって、その幕が切られたのは一九四一年（昭和十六年）六月二十二日であった。日米間の外交交渉は独ソ戦の進展と併行して、東京、ワシントン間で進められたのであるが、この間ドイツ軍の作戦は急速に進展し、ウクライナ方面のソ軍は中間地域内の一切の施設と共にしだいに退却し、ドイツ軍は同年九月ごろにはソ都モスクワを目前に見る地点にまで進出したので、日ならずしてモスクワを攻めおとし、ソ軍をウラル方面へ撃破駆逐するという、当初の作戦目的を達成するのも遠くはあるまいと、快報のくるのをドイツ国民とともにまちこがれていた。

ところが天は遂にドイツ軍に味方せず、はからずも例年より約四週間も早く、大雨をともなう零下十数度の冬将軍に見舞われ、戦線にあったドイツ軍のトラック、戦車などの重量器材、輸送車輛は寒気と大雨、泥濘、降雪のために、すっかり機動力を奪われ、進退まったくきわまってしまった。この機に乗じたソ軍の怒濤のような反撃にあって、ドイツ軍はかつてのナポレオンと同じく一大苦難に追い込まれてしまったのであった。

ドイツ軍の上下はまったく色を失い、戦局の将来を憂慮して、その対策に狂奔する有様であったが、この大蹉跌《だいさてつ》は、じつに日米開戦に先立つ二ヵ月前の出来事であった。このようなモスクワ戦線の敗退に当面したドイツ軍当局は、この事態がドイツ国民はじめドイツ全軍の士気に及ぼす影響の重大さを恐れて、一切の報道を禁止してしまった。私ども盟邦の使臣にたいしてさえ、これを秘密にしていたのである。そんなわけで、私らがその実情を詳しく知り得たのは、なんと日米開戦後のことであった。

重任を担ってドイツにありながら、私らがこのような重大な戦局の変化を感知することができず、ぴたりと時にはまってそれを本国へ速報することのできなかったことを思うと、まことに残念で申分けのないことであった。もしこれが本国へ速報されていたら、日本の歴史は変っていたかもしれない。まことに残念なことであった。

アメリカがモスクワ周辺のソ連側の勝報をすぐさま手に入れて、日米交渉に一層強い態度で出てきたことは当然のことであって、ここにいたって日本はついに最後の段階に追いつめられたのであった。

私はアメリカの参戦を見ないことを主眼とした三国条約にしたがって、ドイツに使いして以来、文字通り不眠不休の努力をして来たつもりであるが、この間欧州において私の脳裡に印象された英米側の動向についての観察は、つぎのようなものであった。

ドイツが対英上陸戦を中止して、バルカン方面に転進するにいたったころから、イギリスはハリハックス卿を米国に派遣して、イギリス本土の急迫した事態を知らせて、アメリカの救援を求めていた。

そのころドイツのイギリスにたいする海上戦略は、造船能力の全力を挙げて、潜水艦の量産増勢に集中し、大規模でしかも徹底的な潜水艦作戦をもって、イギリスの海上補給線を絶ち切ろうとねらい、これに大きな期待をかけていた。このためにイギリス船舶の損失量は日に日に増大し、時には月額七〇万トンを越えることもあって、イギリスが悲鳴をあげて救援を求めている様子が、ベルリンのわれわれにも手にとるように感じられた。

電波兵器がドイツではすでに実用の域に達し、海軍艦艇に装備されていたことについては前に述べたとおりであるが、そのころベルリンで入手したイギリス情報によれば、イギリスは全国の技術者を動員して、唯一の対潜水艦方策としての電波兵器の完成に、総力を傾けているということであった。

電波兵器の研究がアメリカでも重点的に行われたことはもちろんである。

まだ日米が開戦しないとき、ドイツを目標としたアメリカの援英策は、日本を目標とした援力よりは、一層実際的であった。すなわち当時の流行語であった、Short of War（交戦一歩手前）の方策として、ドイツ潜水艦戦防禦《ぼうぎょ》のため、数十隻の駆逐艦を大西洋全面の対潜警戒に参加させた程であった。

なおそのほかに、アメリカがどうしてもドイツを屈服させなければならぬという決意を固めた動機には、ドイツの掲げた欧州経済新秩序の問題があった。すなわちこんどの欧州戦争発生以来、ドイツはオーストリア、ポーランド、オランダ、ベルギー、フランス、デンマーク、ノルウェー、そしてさらにバルカン諸国に至るいわゆる欧州市場のほとんど全部をふくむ地域に、ドイツ通貨中心の新経済秩序を建設して、欧州大陸から英米を閉め出すかのような政策を推進していたからである。

このことは米英のこれまでの金本位の世界経済政策維持を生命とする立場からすれば、もっとも重大な問題であって、どうしてもドイツを潰さなければならないと決意したのも当然である。第二次欧州戦は、これを一言でいえば、欧州市場にたいする争奪戦であったということができる。

一方、独ソ戦は東欧地域での勢力争いであると同時に、ナチスと共産主義との思想戦として、宿命的なものであったし、また日米の戦争は、第一次大戦後日英同盟が消滅したあとの東亜の新情勢のもとで、支那および東亜市場の争奪に端を発した、これまた宿命的な西太平洋の争覇戦であった。こうしてついに第二次世界大戦となったのである。

以上で最初の稿を終るが、この稿で述べた私と独首脳部との論争の機微な諸点や、奔馬のように進展して行った当時の国際情勢の実際的経過に照らして、第二次大戦の発端となった最初のもっとも重要な段階において、一国の運命をかけての指導者の出所進退と、事件や事態を処理する上に起きたいろいろの問題のとりあつかい方などについては、読者自身がどこにどんな教訓があったかを調べ考えてみてほしい。

二　日独伊協力戦の実相

軍事協定の締結

一九四一年（昭和十六年）十二月八日勃発した日米開戦と同時に、私と坂西陸軍中将は、日独伊協同作戦に関する軍事協定を締結せよ、との本国からの訓令を受け、折衝数日の後一月十八日協定に調印した。

この協定の骨子は『日本は東経七〇度線以東の海域、独伊は同以西の海域の敵側軍事根拠地、艦船航空機等を撃滅することと、三国間の情報交換、欧亜海上及航空連絡に関する事項』であった。この折衝にあたって、ドイツ海軍側は、東経七〇度線の境界を定めることは、独伊海軍の艦船が事実上インド洋に進出することが不可能であった当時の状況では無意味であると主張したが、「東経七〇度の線は日本海軍の作戦上の理由によるもので、情勢上必要な場合にはいつでも本区分線を越えて作戦することがあり得る」という日本側の説明付で、本国からの訓令通り無修正で調印することになった。

この協定の意味は、日独伊の海上兵力がある海域に連合したりまたは合同して協同作戦を実施するというような場面は当分期待することができないので、大体の作戦海域をきめて、各国の海軍力に適応したそれぞれ独自の作戦をやって、たがいに協力するという趣旨によったものである。

この軍事協定の締結にともない、二月二十四日混合委員会が成立した。委員の編制はつぎの通りであった。

〔一般委員〕
ドイツ側　リッペントロップ外相（主任リッター大使）
日本イタリア側　各駐在大使
〔軍事委員〕
ドイツ側　委員長グロス海軍大将　ベッカー空軍大将　マッキー陸軍少将　オリブリッヒ空軍参謀長　ヘニックスト海軍中佐　フォン・マーレフェルド陸軍少佐　パプスト海軍大尉
日本側　首席野村海軍中将（著者）　坂西陸軍中将　阿部海軍少将（後中将）　小松陸軍少将　横井海軍大佐（後少将）　渓口海軍中佐（後大佐）　西陸軍中佐　遠藤陸軍少佐（通訳）　坂戸教授（通訳）

イタリア側　首席マラス陸軍中将　デアンゲルス海軍大佐　デウィチ空軍大佐　ペレスコ陸軍少佐　ガスペリー空軍少佐

〔経済委員〕

ドイツ側　委員長ウイル経済局長　その他若干

日本側　首席松島公使　大使館職員　陸海軍委員

イタリア側　（略）

右のとおり正式に委員会が編成され委員の任命を見たが、その実際の運用は秘密事項の多いことと、日独伊共通の問題は少かったので、各委員間の個別的直接連絡によって処理する場合が多かった。私は軍事委員長グロス海軍大将とつねに密接な連絡をとりながら、作戦その他軍事に関する実際問題についてはドイツ大本営および陸海空軍と直接会談して処理に当った。

私や随員がドイツ側大本営、海空軍およびイタリア側と接触する連絡先はつぎのようなものであった。

一　私がもっともひんぱんに往復接触した相手方の顔振れ。

ドイツ大本営作戦部長　ヨードル大将

同　海軍幕僚　ブルックナー少将

海軍作戦部長　　　フリッケ（後マイセル）中将

空軍参謀長　　　オルブリッヒ少将

この人たちとは常時的に連絡を保ち、とくに重要と認めた場合には、ゲーリング空軍長官、ミルヒ同次席、レーダー海軍長官（後デーニッツ元帥）、カイテル大本営参謀総長等と折衝した。イタリア側にたいしては阿部委員に伴われ必要に応じてムソリーニ統帥およびその要路と会談した。

以上のような首脳部との会談には、海軍側からは阿部少将、横井大佐、溪口中佐、豊田中佐等が、また陸軍側からは坂西中将、小松少将等がその時に応じて私に随行または同行した。

二　私の下にあった海軍側随員の、連絡担当の区分はつぎのとおりであった。

(イ)　作戦連絡　溪口中佐とドイツ海軍作戦課長ワグナー大佐および同課員ロスト少佐の間で。空軍連絡　豊田中佐と空軍作戦課ラウマー中佐の間で。

(ロ)　一般情報交換　藤村少佐とドイツ国務省情報部、海軍省副官部の間で。

(ハ)　通信情報連絡　溪口中佐とドイツ海軍部通信課長スタンメル大佐の間で。

(ニ)　軍事謀略　横井大佐とドイツ国防省担当部の間で。

(ホ)　欧亜間の航空連絡　豊田中佐とドイツ空軍ラウマー中佐の間で。

㈬ 欧亜間の海上連絡　溪口中佐とドイツ作戦課ロスト少佐、国防省フォスバー大佐の間で。
㈭ 経済問題　伏下主計中佐とドイツ国防省経済局の間で。
㈮ 兵器、機関、技術問題　横井大佐以下の大使館付武官の常務機関を通じ、従来通りドイツ側と連絡し、なお坂西陸軍中将以下の陸軍側随員もだいたい前記の要領に準じて、それぞれドイツ側との連絡に当った。

独、伊の軍首脳部と新作戦を語る

ドイツ空軍長官との会談

日米開戦、真珠湾攻撃の飛報につづいて、日本海軍航空隊がマライ沖で英主力艦プリンス・オブ・ウェールズ、レパルズの二隻を撃沈したという報道が伝わると、一九四一年（昭和十六年）十二月十三日独空軍長官ゲーリング国家元帥は秘書を私のところによこして、私の来訪を求めてきたので、とりあえず私が単独で、秘書と同行してカリンハレーの元帥邸に急いだ。長官は私をみるとさっそく「日本海軍の真珠湾およびマライ沖の輝かしい戦果にドイツ全空軍を代表して最大の祝意を表する」と前置きしてつぎのような話を切り出した。

一　私はドイツ空軍は現存する世界第一の空軍と確信しているが、今日までその空軍の精鋭をもって、幾度か英主力艦を爆撃したけれども、甲板面に損害を与える程度で、これを撃沈することができなかった。ところが日本海軍の航空部隊は真珠湾においても、またマライ沖の洋上においても、一回の航空戦だけで敵の主力艦を撃沈した。これを見て私は、ドイツ空軍の建設者として私に一つの失敗のあったことを自覚したのである。というのは、空軍建設の当初、ドイツの航空魚雷がまったく実用に適しないものであったので、航空魚雷なるものを空軍の攻撃兵器から捨ててしまって、それ以来その研究を怠ったのである。

ついてはドイツ空軍のこの欠陥をすみやかに改善するために、日本海軍の特別な協力と支援を願いたい。それについて私はベルリンで貴下や貴下の幕僚との連絡を一層密にするため、有能なドイツ空軍士官を手配するよう即刻処置しよう。

二　さきごろ貴国視察団がドイツに来た際、日本の陸海軍間で問題になっているという日本における空軍統一化の問題は、今日の場合現状で進むのが時宜に適するものと思う。

三　来るべき春季攻勢（註＝昭和十六年十月失敗した第一次モスクワ戦の後をうけ新たに準備している対ソ攻勢をいう）において、ドイツ軍は東はウラル、南はコウカサスに至る線にソ連軍を爆破するであろう。

私はこれに答えて、

「航空魚雷については、ただちに東京に電報して貴長官の期待にそうよう努力をする。日独両空軍間の緊密な協力援助については、もとより当方の望むところである。なおドイツ軍の春季攻勢の成功を切に祈るとともに、日本軍が広大な支那大陸の泥沼に足を突き込んだのと、同じような結果にならぬように希望してやまない」

と答えて辞去した。

その後さっそく日本海軍からドイツ空軍へ航空魚雷数十本を贈り、ドイツ空軍からは新型飛行機、新兵器などの返礼があって、ドイツ空軍と日本海空軍との協力はたえず満足に実行された。

ドイツ海軍長官との会談

昭和十六年（一九四一年）十二月十七日、私以下随員はドイツ海軍長官レーダー元帥に招かれた。

同長官はまず日本海軍の緒戦にあげたみごとな戦果に祝意を表したのち、いよいよ三国海軍が協同作戦を実施する時機が到来したので、これについて今後作戦に関する事項は野村中将（著者）とフリッケ作戦部長の間で打合せ、その他の日独海軍間の常務連絡の事項は、従来どおり横井海軍武官とシューテメンチング官房長の間で処理するようにしたいと語って、ワグナー作戦課長に日米開戦後の欧亜作戦の戦略的協同に関するドイツ海軍部の判断と要望を説明させた。その要点はつぎのようなものであった。

一　日本の参戦により、欧州戦場における敵側の攻撃は、いちじるしく減退することになろう。

二　日本の開戦当初の成功は、今後当分の間、東亜全局の戦略的態勢を制するのに十分である。

三　ドイツは日本参戦のもたらした好態勢に乗じ、来るべき一九四二年の対ソ新攻勢において、コウカサス油田地帯の占領および残存ソ軍を撃滅し、さらに北方ノルウェーおよびフィンランド地方をソ軍の侵襲から確保するであろう。

四　最近北アフリカの全域にわたる敵側の大規模な進攻作戦、とくに仏領北アフリカへの来攻の危険があるので、ドイツ海軍作戦部は、フランスとの間にその防御を保証する軍事協定を結ぶ必要を痛感している。

五　英米の作戦方針についてはつぎのように判断している。

(イ)　英米は、日本との戦争に有力な海陸空軍の兵力を転用して、日本軍の作戦を困難ならしめたい希望ではあろうが、東亜はしばらく日本のなすままにまかせ、欧州に全力を注ぐであろう。

(ロ)　したがって、英米は太平洋および大西洋においても積極的作戦をさしひかえ、地中海作戦に重大点を指向するであろう。

(ハ) ドイツの対英上陸作戦は実施がはなはだ困難である。航空機だけでイギリスを屈伏させることは不可能である。ただ一つの期待は潜水艦戦であって、いまの情勢で、毎月の敵船舶撃沈屯《トン》数が八〇ないし一〇〇万トンに達すれば、イギリスを屈伏させることは可能である。

(ニ) 英米仏の弱点は、その兵力を世界の各地に分散して作戦しなければならない情勢にあることである。そこで枢軸三国側の戦争指導は、敵側をして常に兵力を分散しなければならぬようにし向け、さらにそのうえ必要の場合には、敵側の兵力集中が困難となるように、三国側が緊密適切に策応することである。

(ホ) ドイツ海軍としては、インド洋西部における敵側海上輸送路を破壊するために、日本潜水艦の作戦に大きな期待をかけている。

(ヘ) 独伊は日本海軍の太平洋における作戦を容易にするため、英米の海軍兵力を極力大西洋および地中海方面に牽制することに努めるであろう。そしてドイツはこの目的のために巡洋艦の機動作戦を活発に実施する。

そして、これらの諸点にわたって詳細な説明を加えた。

私は以上の空軍長官および海軍長官との会談で、ドイツ側の今後の作戦方針が明らかとなったので、ただちに本国に電報するとともに、われわれ軍事委員としても具体的に検討研究を重ねた結果、二、三の所見を得たので、昭和十七年(一九四二年)二月十八日付、つぎのような要旨の書翰をドイツ大本営海軍幕僚ブルックナー少将に送った。

英米はさしあたり、太平洋方面において日本にたいし大規模の攻勢に出ることは困難と思われるが、欧州においてはドイツの企図する対ソ戦を膠着させて、長期の消耗戦におとしいれ、中近東、地中海方面において米英の戦略的地位を確立することに全力を注ぐものと判断する。ついては、

一　来るべき対ソ春季攻勢は、昨年の失敗にかんがみていかなる規模計画のものであるか。

二　また地中海における敵根拠地ジブラルダル、マルタ、スエズ等にたいする攻略戦の計画はどうなのか。

とくに対ソ戦において、遠くウラル、コウカサスのソ領内に深入りすることは、中国戦場において日本軍がおちいった失敗と同じ結果になる懸念はないが、対ソ戦を実施できる有効期間は六ヵ月内外に過ぎないので、作戦上なにか特別の考慮が払われることと思うが、貴見を承わりたい。

（註）私のこの書翰は、ドイツ側に注意を喚起しておこうというのがねらいであった。対ソ作戦に深入りして失敗を重ねないことと、対ソ作戦に引きずられて、軍事協定に基く地中海方面の作戦に力がはいらなくなるのを恐れたからであって、ソ軍にたいしては、第一次大戦においてヒンデンブルグ将軍が、敵軍を引きつけて叩くいわゆるタンネンベルグの会戦の例にならい、地の利

による攻勢防御の方針をとり、有力な兵軍を地中海方面に指向すべきではないかという警告の意味をふくめたものであった。

ドイツ大本営作戦部長との会談

私の前記の書翰にたいし、昭和十七年二月二十三日ドイツ大本営作戦部長ヨードル大将は私を招いて、つぎのように説明した。（この席には坂西陸軍委員も同席した）

一　ドイツとしては、中近東よりもまず対ソ戦に重点をおかねばならない事情にある。対ソ攻勢の開始は六月頃の予定である。

二　対英上陸作戦は空軍再整備の必要上、当分のあいだ実施困難である。

三　中近東への作戦進路は、地中海による海上輸送が困難であるので、コウカサス方面から進出する作戦を計画検討中である。

四　マルタ島の占領は、防備が厳重なため実施はきわめて困難と思う。

対ソ戦に関してはすでに大本営の作戦方針が決定していることが明らかであったので、私としてはこのうえ意見がましく論議することをさしひかえ、予定作戦の成功を祈って辞去した。

ムソリーニ統帥に挨拶する著者と視察団一行

伊国ムソリーニ統帥往訪会談

三月六日私は阿部少将をともなってローマにゆき、ムソリーニ統帥を訪ね、地中海方面における独伊協同作戦について会談した。

ムソリーニ　東亜における日本の輝かしい戦果にたいし共通の勝利への祝意を表する。

野村　英米のエジプト方面にたいする増援に先んじて、同方面を独伊軍によって占領する必要があると思う。意見如何。またマルタ島占領の計画についても承わりたい。

ムソリーニ　マルタ島にたいしては攻略の準備を進めている。ドイツ軍はコウカサス方面から中近東に進出し、イタリア軍を主力とする独伊連合軍はエジプト方面に進撃する計画で準備中である。

阿部　マルタ島攻略にたいする計画はどうか。

ムソリーニ　マルタ島の上陸作戦は後廻しとし、まず独伊連合の空軍による爆撃を主とする攻撃を準備中である。

阿部　マルタ島の占領が地中海作戦のかなめであると思う。

以上の各会談によって、三国軍事協定締結後におけるドイツおよびイタリアの作戦方針が明らかとなったので本国に詳しく電報した。

このころ独伊の日本海軍にたいする信頼と期待は絶大なもので、以上に述べたドイツ側の情勢判断や作戦方針は、始戦期の日本の戦果を大きく計算に入れて、日本海軍の太平洋制圧と、日本陸軍のソ連にたいするにらみのきく間に、すみやかに欧州戦局の優位を確立しようという考え方であったことはいうまでもない。

日本のインド洋進出に矢の催促

昭和十七年（一九四二年）三月二十七日、私は先方の求めに応じて、フリッケ海軍作戦部長を訪ねて会談した。同作戦部長は私にたいし、

「戦局の現段階では、敵味方攻防の主目標は中近東、スエズ、エジプト方面にあると思う。三国側としては、この方面にたいする敵側の防備補給がまだ充実しないうちにすみやかに要地の占領を完了したいと思う。

中近東へドイツ軍が進出するためにも、一刻もすみやかに東部地中海、スエズ、アレキサンドリア、エジプトを制圧することは、枢軸側の今後の作戦上に戦略的先制の利をもたらすものと思う。よってこの際、独伊側のエジプト進攻に策応して、日本海軍はアフリカ東岸を北上する敵側の補給動脈を撃滅する作戦を実施して貰いたいと思うので、特別の考慮を望む」

と申入れをした。私は、御要望の案はまことに重要なことと思うのでさっそく本国の意見をただして回答しようと約束した。

その後東京からの返電を待っている間、三月三十日ワグナー独海軍部作戦課長に来てもらい、つぎの点について私見を述べ、あらかじめドイツ海軍作戦部の了解を求めておいた。

一　日本海軍の潜水艦は、現在の状況においては艦隊の耳目として、艦隊とともに作戦行動に服しているから、艦隊から潜水艦を抜いて、敵輸送路の攻撃に派遣することにはあるいは実現困難な事情があるかもしれない。

二　もし潜水艦の派遣が困難であれば、航空部隊をともなう機動部隊を派遣することになると思うが、インド洋方面にはまだ陸上基地がないので、航空母艦をともなうことになる。しかしインド洋の季節風では、護衛駆逐艦の洋上補給が困難であるから、本国においても派遣部隊の編制には苦心することと思う。

その後四月三日、東京からつぎの電報があった。

『五月中旬から七月中旬まで、特設巡洋艦二隻、潜水艦数隻をアラビア海、アフリカ東岸方面に作戦させる予定である』

(註) この電報は後年の調査によれば、三月二十七日フリッケ作戦部長の要望とは無関係に、かねてから日本海軍で準備していた計画が決定したので、これを通知してきたものである。

ついで四月七日、フリッケ海軍作戦部長の要望にたいする本国からの回答電を受けとった。

一 日本海軍の作戦の重点は、依然太平洋方面の戦果を拡充しつつ米海軍撃滅の方向に指向する方針である。

二 右の方針と同時にインド洋作戦を重視し、一層積極的な案を計画中である。

右の電報はフリッケ作戦部長に満足を与えるものではなく、ドイツ海軍から強硬な再要求があることを予期していたが、私は以前からの予定によるフランス、スペイン、オランダ方面の視察計画があったので、ドイツ海軍作戦部との応酬は後廻しとして、視察の途にのぼり、仏国ヴィシーで成立直後のヴィシー政府ラバール首相に面接した。同氏は私にた

いし、

「自分はこのたび日本海軍の参戦を迎え、今次の世界戦争はかならず枢軸側の勝利に終るという固い確信をもつにいたった。今日以後のフランスの政治外交をこの方向に指導する方針である」と語った。

私は旅行から帰るとすぐ、六月二十二日に、フリッケ作戦部長から来訪を求められたので面会し、先日来の懸案であるアフリカ東岸にたいする日本海軍の協力問題について応酬を重ねた。同作戦部長は私にたいし、

「エジプト方面への独伊軍の進出につれ、英米はアフリカ南端を迂回する輸送に全面的に切り換え、スエズ方面の兵力増強に全力を注いでいる。スエズ地帯を中心とする今回の作戦の成否が、欧亜の全戦局におよぼす影響はまことに大きいと思われるので、日本海軍の一層強力な（巡洋戦艦、空母をふくむ有力な機動部隊の意味）協同作戦を要望する。日本海軍の太平洋における作戦の重要性は十分に了解しているが、さしあたり、数ヵ月の間は、アメリカの大規模な攻勢はあり得ないから、せつに日本海軍のインド洋進出を望む」

とテーブルを叩きながら熱烈悲壮な口調でエジプト作戦の急迫状態を訴え、日本海軍の即刻インド洋進出を要望してやまなかった。

六月二十七日さらに本国から電報があって、

『アラビア海、アフリカ東岸（マダガスカル島方面）派遣の特設巡洋艦および潜水艦の作戦期間をさらに十七年末まで延長する。これはとくに独伊側の北アおよび中近東方面の作戦に一層策応協力するための措置である』

と伝えてきたので、フリッケ作戦部長を訪ねて、この電報を見せたところ、ドイツ海軍の熱望しているところとは非常な差があるので、ひどく不満な意を示した。これには私も返す言葉がなかった。そこで私は坂西陸軍委員と連名で陸海軍の両総長に宛て、

『独伊側の北ア作戦の現状は、さらに有力な艦隊をもって一層積極的な協力を与えなければ、敗退放棄のほかなかろうと思われるのでせつに再考を望む』

と意見を具申したところ、七月四日東京から、

『日本としては、七十度線にとらわれることなく作戦する考えで、インド洋および中近東を制して盟邦間の連繋を確立することをとくに重視している。しかしインド洋と太平洋との両洋作戦になるので、アラビヤ、ペルシア湾方面まで大兵力を進出させることは困難であるが、極力インド洋方面の作戦を強化する方針である』

との回電があり、さらに七月十日電で、

『帝国海軍は七月中旬から八月末ごろまで東インド洋海面に作戦する予定』

さらに八月二十五日にも、東京から、

『帝国海軍は今後ますますインド洋における作戦を積極化する予定』

との来電があったので、それ以来毎日のように、作戦実施の結果について東京からなんらかの通知があることを期待したが、その後二ヵ月のあいだはなんの音沙汰もなく、はたして日本側はほんとうに電報にあるようなインド洋作戦をしているのかどうかと、ドイツ側もわれわれも日夜懐疑の思いにとざされていたのであった。ところがこのあいだに、敵側のアフリカを迂回する補給は二倍にも三倍にも積極化し、エジプト方面の敵軍が大いに活気づいたばかりでなく、敵空軍の増強や電波兵器の活躍が日ましに増大していったので、地中海を横断する独伊側の海上補給はいよいよ困難となり、独伊のエジプト作戦の情勢は日一日と不利におちいっていった。

このような空気のうちに、私はフリッケ作戦部長と情勢判断ならびに今後の作戦の研究を主題として、九月七日につぎのような会談を行った。この席には日本側から横井大佐、溪口大佐、ドイツ側から作戦課長ワグナー大佐が同席した。

一　地中海、スエズ方面の情勢について

野村　イギリスはスエズ方面の海陸空軍、とくに空軍兵力をいちじるしく増援したとのことであるが、ドイツとしては、あるいはスターリングラードの陥落後でなければ不可能かも知れぬが、すみやかに優勢な航空兵力を同方面に増派できないものであろうか。

フリッケ　イギリスがエジプトおよび東地中海方面に兵力を増強したことは事実である。独伊側は敵航空機および潜水艦からの猛烈な攻撃で、甚大な損害をうけているので、地中海を渡る輸送作戦はますます困難となりつつある。

なお米英側はケープタウン迂回インド洋経由でアデン、紅海、エジプト方面にぞくぞく兵力物資を輸送している。その輸送途上で、なんとかしてこれを撃破しなければならぬ。

野村　英米はアルゼリアを占領して航空基地を設け、西地中海の交通路を確保しながらイタリアにたいする攻撃を積極化すると思うがどうか。

フリッケ　英米のアルゼリア占領は、フランスの態度、英米側船腹《せんぷく》の不足から可能性が少い。もしこれを実現するとしても、大規模な準備が必要であるから、事前に確実に知ることができる。

野村　独伊はすみやかにスエズに到着することがもっとも肝要である。来るべき数ヵ月はその好機である。なんとなれば、気象の関係において、日本海軍が太平洋から兵力をインド洋に派遣して、海上から独伊のスエズ作戦に協力するのに好都合であるし、ドイツ側としても東部戦線が冬季の防禦態勢にはいるから、空軍兵力をスエズ方面に転用できると思う。

二　協同作戦上の要求と目標

フリッケ　協同作戦では合意による重点作戦が肝要である。すなわち緊密な常時連絡、絶対の相互信頼、隔意なき意見の交換によって、あくまで協同の観点に立って戦争を指導する場合においてのみ勝者となることができる。三国側としてはこの精神に徹底しなければならぬ。来るべき数ヵ月間の好機を利用することは、戦略的にすでに時機遅れになってしまった。すくなくとも半年前から三国間で周到な準備に着手すべきであった。

野村　スエズ方面にたいする戦略の指向は、すでに本年初頭から日独両者間に話題となった問題であったが、不幸にしてその決定が遅れたのである。日本海軍としては、過去数ヵ月間インド洋方面の悪天候のため、作戦の実施が多大の制約を受けているものと思う。

フリッケ　三国の協同戦争において、今後の戦争の目標として、ドイツがもっとも危険とする敵はソ連である。現在ドイツ側が兵力集中の重点をソ連正面においてあるのは、欧州大陸の安全確保上の前提であって、また協同戦争上からも重要な意義がある。

野村　その見解には異議がある。日本との関係においては、三国の対敵目標は軍事協定で合意したとおり英米でなければならぬ。

フリッケ　ドイツの見解においても、最後に屈伏させなければならぬ敵は英米である。しかしそれに至る前提として、ドイツの作戦重点はソ連である。対英作戦の背後を安全にするためには大陸自体を安全にしなければならぬ。ソ連の危険をのぞいたうえで、ドイツはイギリスを徹底的に叩く計画である。自分の述べた意味は、日本の対ソ態度に触れる意志ではない。

野村　ドイツは冬になれば対ソ守勢作戦になる。ヨードル大将が今年の作戦目標は近日中に決定されると言明したように、冬季ドイツ側に航空兵力の余裕が出るような態勢となることを期待している。

フリッケ　対ソ戦においては、この冬といえども強力な兵力を必要とする（占領地域の確保、補給の安全、ゲリラ戦の防禦、コウカサス作戦を意味する）また計画目標としてバクー、カスピ海方面を占領するかどうかは未定で、いまから期待はできない。

これを要するに、東部戦線の航空兵力にはなお重要使命があるので、これを他に転用することは不可能である。英米側は近中東にたいする危険を察知し、エジプト、イラン、コウカサス方面を強化する防禦戦線をすでに構成中である。敵はアフリカからエジプトを経て、アラビア、イラク、イラン、インドに至る防禦戦を築いて、独伊と日本とを遮断する計画である。

野村　海上作戦の見地から、スエズ作戦はもっとも重要である。エジプト方面へのドイツ軍の増強はすみやかに実施すべきであると思う。

フリッケ　原則的には同意である。スエズ作戦の重要性は十二分に認識しているが、作戦の実施は地中海上の輸送損害が莫大なので、貴案の実行は困難である。敵はあらゆる船舶をかき集めてスエズ方面への輸送に集中している。

中近東方面は三国の共同目標としてドイツも多大の関心があるので、敵の同方面に対する海上輸送路を撃滅することは肝要である。日本海軍の協力を望んでやまない。

三　太平洋方面の情勢について

フリッケ　来たる数ヵ月は、北太平洋では日本を脅威するような情勢は起るまい。アメリカがやるとしても南太平洋からする小規模のものであろう。英米が遠からず第二戦線を作るだろうとの話題はすべて宣伝である。事実上の第二戦線は、地中海、エジプト、イラン、コウカサスにわたりすでに存在しているのである。敵のやることはすべて三国兵力の分散を目標としたものであり、敵の第一目標は、地中海、近中東およびインドの確保と、欧亜連絡線の遮断である。

野村　それにはだいたい同意である。太平洋におけるソロモン方面からの敵の進攻作戦は、三国の欧亜連絡の確保にたいする牽制であるという見方にも理由がある。

四　アメリカの態度について

フリッケ　アメリカ本土が西半球に離隔して、まったく安全な戦力の補給源であることに注意しなければならぬ。アメリカは過去十年間、その経済組織がドイツの国家社会主義経済から大きな脅威を受けていることと、万一アメリカが敗戦の場合には、経済的崩壊におちいることを恐れ、ドイツを屈伏させ得る可能性のあるかぎり、戦争を継続するであろう。またアメリカとしてはこの戦争を利用して、できるだけ多くの世界的経済勢力の奪取に努力するであろう。

五　ドイツ補助巡洋艦による作戦について

フリッケ　補助巡洋艦をもって、十一、十二月ごろから南太平洋方面に作戦するから、東京の了解を得られたい。

野村　日本海軍はもちろん同意するであろう。

つづいて昭和十七年（一九四二年）九月上旬、私はドイツ大本営海軍幕僚ブルックナー少将と面談して、つぎの覚書を渡した。

「私は英米の当面の作戦方針についてつぎのように判断している。

英米は、第一には日独伊の戦力を極力消耗させるため、ドイツの陸上兵力をソ連に、日本の兵力を支那大陸に膠着させて、三国側を長期の消耗戦におとしいれ、第二には英米の生命戦である地中海、中近東、スエズ、インドおよび豪州方面への、兵力資材の輸送を安全にするため、フランス沿岸、西部地中海、太平洋、ニューギニア、ソロモン方面へ日独伊軍を牽制分散させ、第三にはモロッコ、アルゼリア、チュニス方面に有力な空軍基地を設けて、枢軸側の弱点であるイタリアに攻撃の重点を向け、第四にはドイツ軍需工場およびドイツ潜水艦への爆撃を一層強化するであろう。

しかも情勢は双方にとってまことに重大で、一歩誤まれば地中海、北アフリカ方面の英米側の優位もただちに逆転する恐れさえあるので、英米は死力をつくして前記の作戦を推進するとともに、三国側の結束を破る謀略宣伝もますます強化するであろう」

この会談後、私はかねての計画であるバルカン方面の視察に出発した。旅行中日本海軍のインド洋方面の進出作戦についてなんらかの東京電があることを期待しながら、九月下旬ベルリンに帰着したが、なんの電報もなくいよいよ奇異の念を抱いたので、十月五日つぎのとおり東京に打電した。

『帝国海軍のインド洋進出に関連して、ドイツ側の熱望もあって再三電報照会をした次第であるが、すでに二ヵ月を経過してもなんらの回答がなく、ドイツ側におよぼす影響もあるので、その後の状況を知らされたい』

これにたいする返電として東京から、

『帝国海軍は十月初旬よりインド洋の積極作戦を開始する予定で、準備中であったが、現に進行中のソロモン、東ニューギニア方面の作戦の都合もあり、その一段落後インド洋方面に進出のことに予定を変更した』

とのことであった。この電報を受取ったドイツ海軍の極度の失望と不満はもちろんであったが、連絡交渉の衝にある私としては、まったく窮地に立ち、ドイツ海軍との今後の意志の疎隔は避け得ないように思われた。

この電報によってドイツ海軍部が、ヒットラー総統に対しまったく面目を失ったことはいうまでもなく、ドイツ国防軍全体にたいするレーダー海軍長官、フリッケ作戦部長の責任上の問題は、簡単にすまされない結果となり、もちろん他の理由もあったが、両氏は間もなく現職を退くことになった。

このようにスエズ、中近東ならびにインド洋方面にたいする日独海軍間の作戦協力の問題をめぐって、おたがいに焦燥と不安のうちに交渉を重ねている間に、戦勢は容赦なく変転進行して十一月となるや、エルアルメーンまで進出してアレキサンドリアを指呼の間に望んでいたロンメル将軍の北ア戦線は、ついに退却を余儀なくされ、またドイツのコウカサス、中近東への進出を目的とした対ソ戦も、ソ連側のスターリングラードの守りが固く、欧州戦場における独伊の形勢はきわめて不利となってしまった。

この間太平洋方面の日本側の作戦については、単に新聞情報によるほかなかったが、ドイツ側潜水艦の被害増や地中海輸送における独伊の甚大な損害の原因が、英米側に新鋭飛行機の出現したこととならんで、優秀な電波探知器の装備が普及したことにその原因があることを熟知している私としては、日本海軍も同様な場面に悩まされているのではなかろうかという不安が絶えなかった。

（註）この間、六月二十三日に日本海軍がミッドウェー海戦で艦隊航空兵力の主力に大損害をこうむった事件が起っている。しかしこの事は、私はじめ在欧の者は翌年（一九四三年）四月、陸海軍の特派連絡使一行が来独して、内地の事情一切が判明するまでは、全然知らされていなかったのである。日本海軍としては、インド洋進出作戦の重要性を十分に認めておりながら、兵力の

融通ができなかったという事情がはじめてわかったのである。

日本海軍のインド洋進出が遅れたという一件以来、私とドイツ海軍部の間は、一時気まずい仲になり相互の連絡もやや遠のいたのであったが、戦局重大の折柄かくてはならぬと思い、十一月十七日私の方から会見を申入れ、つぎの覚書をフリッケ作戦部長に渡した。当時は英米の連合軍が仏領北アフリカに上陸した直後で、敵側の宣伝が非常に活発であったころである。

「枢軸側は東欧二千キロにわたる戦線を張ってソ連と対峙中で、昨年来ソ軍に甚大の損害を与えたことは事実であるが、なおソ軍は強大な戦力を保有していると判断する。

これに加えて、英米は今後優勢な海軍力を背景として、北アフリカ方面に一層の兵力を増強して、北ア沿岸一帯に第二戦線を構成し、機を見てまずイタリアに攻撃の重点を指向する公算が多い。簡単に敵側の宣伝としてばかりかたづけないで、十分に警戒する必要があると思う」

これにたいして、フリッケ作戦部長はどんな回答をしてくるであろうかと、興味と関心をもって待っていたが、東方スターリングラード方面対ソ戦の再度の敗退にともない、戦局が一変するという重大な場面が起って、ドイツ軍首脳部が色を失った際であったから、フリッケ作戦部長からの回答はついに得られないでしまった。

その当時の私の判断がそうであったように、そしてそれはまた終戦後十年を経た今日でもそれが正しかったと信じているように、今次の大戦における欧州戦局の勝敗の山は、実にこのころにあったと思う。それは昭和十七年（一九四二年）十月ごろから十二月にかけてのことである。

ちょうどこの前後、陸軍委員坂西中将が中近東地域からソ領を経て帰国することになったので、同中将に託して本国に報告するため、日独間の今後の作戦の打合せ、情勢判断の検討を主題として、昭和十七年十二月四日、私は坂西中将らとともに、ドイツ大本営を訪ね、ヨードル作戦部長以下とつぎのような会談を行った。出席者は日本海軍側から私と横井少将、陸軍側から坂西中将、小松少将、落合中佐、ドイツ側からヨードル砲兵大将、ブルックナー海軍少将、ハウス陸軍大尉であった。この会談の内容は当時のドイツ大本営の意図を知るのにきわめて重要な資料である。

坂西　本国に伝えるため、ドイツの現状、ドイツ軍部の要望などを詳細に承知したい。

ヨードル　前回の会談以後、状況は大いに変化した。敵の第二戦線は予想外の地域（仏領北アフリカ）に実現した。これによってドイツの行動の自由がいちじるしく制限されることになったが、対抗手段はただちに講ぜられた。このつぎに敵の上陸する可能性の大きな地点は、クレタ島、ロドス、旧サロニカ方面と判断している。

フランス首脳部の一部は、アメリカが北領仏アへ上陸を企図していたことを早くから知っていたに違いない。そしてペタン将軍に忠誠な仏海軍になんら通知することなく、これを犠牲に供して、浅海面で自沈させてしまったようにフランスの行為は裏切りである。そこでドイツはフランスを完全に武装解除し、フランス地中海岸の防禦を強化した。本事件による最大の収穫はフランス商船六〇万トンで、これはイタリアの使用に供した。

フランスとしては、アフリカに注入する兵力には十分に余裕があるが、地中海の海上輸送が問題で、これは一にイタリア軍の努力にかかっており、空軍だけでは海上輸送の掩護は不可能である。

ドイツのロンメル軍は、人的物的にきわめて優勢な敵の圧迫を受け、しだいに後退している。ロンメル直属のドイツ軍の損害は割合にすくなかったがイタリア軍の損害は大きかった。イギリス側の電波探知器の利用が、一層効果を現わしてきたので海上輸送の途中で受けた損害がとくに大であった。

敵はスペインには上陸しないであろう。スペイン人は小さな戦争では良い戦士であるが、他には利点が少いからだ。

敵が東欧に上陸する場合には、トルコを経由する公算が大で、旧ユーゴスラビア地域の反乱蜂起を支援したり、ルーマニア油田を攻撃するのが敵のねらいであろうが、ドイツとしては、陸上の処置には不安はないが、海上輸送を要する地点への緊急処置は困難である。

東部戦線における次回のソ軍からの攻撃は、イタリア軍分担の正面に指向されるだろわが方としてはすでにその対策をとり終った。現在ソ軍は一万三千の飛行機と、三千の戦軍をもっているが、質は低下し、とくに人的損失は顕著で、多数の少年兵、老年兵、婦人兵を戦線に送っている。

　本戦争は昔のカルタゴの戦争、フリードリッヒ大帝の戦争にも匹敵するもので、呼吸の続くかぎり戦い抜く決意の者のみが勝者となり得るであろう。現在における日本の対ソ態度は、ドイツの見解と一致するが、もし英米がソ連とともに極東でなにか行動することが予見された場合には、機を逸せず日本はソ連を攻撃すべきである。日本海軍が状況の許すかぎりすみやかに、インド洋作戦を実施することには、ドイツは依然として大きな期待をかけている。

野村　地中海にドイツ潜水艦を配備する必要があると思う。スペインを枢軸側に入れることができれば、ドイツの飛行機、潜水艦は、スペインを基地として行動することができる。アメリカ海軍のアルゼリア、モロッコ方面の基地を撃破するため、北アにあるドイツ軍を西方に転進させてはどうか。それは同時にスペインの態度を決定させるにも役立つと思う。

ヨードル　スペインが、一九四一年ジブラルタル攻撃に同意しなかったのは遺憾である。当時ドイツは十分な兵力をすでに準備しておったが、スペインには食糧、燃料、軍需資材が欠けていた。

野村　日本側の状況は、前回会談の時と大差がない。アメリカのソロモン方面にたいする執拗な反撃は、同方面にある日本の航空基地の強化を破砕しようという企図であろう。この方面の戦闘は長びくと思う。インド洋作戦の重要性は、東京も十分にこれを認めているので、状況可能となればすみやかに開始するものと信じている。

さらに私は、十二月十八日重ねてフリッケ海軍作戦部長を訪ね、つぎの会談を行った。

野村　今回坂西中将の帰国に託して、欧州情勢ならびにドイツ側の計画を詳細に東京へ伝えたいと思い、重ねて会談を願う次第である。

日独の連絡を密にするため、東京からふたたび日独航空連絡の促進を指示してきた。東京は連絡のために士官一名を派遣する準備をしているとのことである。

私は今日まで日独両海軍間には、本質的な意見の相違はなかったと思う。

ニューギニア、ソロモン方面の状況については、なんら電報が来ないが、遠隔の地域であるから、日本としてもその補給に相当苦しんでいるものと想像している。

フリッケ　アメリカのソロモン、ニューギニア方面の作戦成功が、ただちに日本の占領地域に大きな脅威になるとは思わない。なんとなれば、大作戦には島嶼《とうしょ》程度の基地では不十分である。かならず基地として濠州の必要が起る。しかし大体作戦基地として機能を発揮するまでには長時日の建設が必要である。したがって同方面における英米当面の目的は、防禦的性質のものと思う。また日本海軍のインド洋進出を牽制するための南太平洋作戦と見るのも不当ではない。

野村　米英は豪州の安全のために、まずニューギニア、ソロモンの占領を企図しているものと思う。また英米は二方面から枢軸側を攻撃する計画と思う。一つは北アから欧州に向うもので、他の一つは南太平洋から日本本土に向うものである。

フリッケ　英米は北アの上陸に成功し、フランス人の独伊に対する裏切りによって、大きな成果をおさめたが、しかしわが方もそのあいだにチュニスの占領に成功し、今後西方に進撃する拠点を得た。

かりに北アの戦況が不利に進展しても、それが独伊を屈伏させるほどの影響となるとは思っていないが、この際、イタリアを援助して北アに戦線を作るため、大兵力を充当する必要はある。イベリヤ半島、ジブラルタルの重要性は、海軍部としても十分にこれを認めているので、この方面に情勢が進展すれば、地中海戦場の事態は一変するであろう。

英米は、日独伊を破るために、欧州では政治的に独伊を、東亜では経済的に日本を屈伏させようとしている。三国はこの敵の企図に対抗しなければならない。目下敵の攻勢主力は北アにあるので、この際敵船腹の撃沈は大きな意義がある。

なおドイツの補助巡洋艦を、ウラジオストックに向う米側の交通線破壊に当らせた場合の貴下の個人的意見はどうか。

野村　ドイツ補助巡洋艦の件は、東京にあるドイツ海軍武官を通し、直接日本海軍の意見を確かめられた方が早い。私見としては東京はソ連との中立維持を重視するものと考える。

独（伊）の態度冷たくなる

ドイツ側にとって、今次大戦の勝敗の岐路と思われたスエズ作戦の当時、アフリカ南端を迂回して北上する敵側輸送航路にたいする協力作戦の実施について、ドイツ側から再三熱烈な要望を申入れて来たにもかかわらず、日本海軍の事情でその実施が遅れ、昭和十七年（一九四二年）十月中旬になって、かねてからドイツ側に予告してあったインド洋作戦をさらに延期するという電報がきて以来、ドイツ海軍は、一層日本海軍の熱意を疑うようになり、今日までの両国海軍の緊密な協力関係にも疎隔ができはじまったことは、私としてはまことに遺憾にたえないことであった。

このため、軍需資材などの相互援助の問題についても、日本軍事視察団の入独以来、ひきつづき示してくれたドイツ側の協力態度が、日とともに冷却し、当時日独の経済委員間で折衝中であった経済協定の締結問題や、これにともなう日独間の相互期待物資の交換問題などの交渉もはなはだしく円滑を欠くようになった。

たとえばドイツ側が、対日期待物資として輸入していた、日本の南方占領地域からのゴムの輸入価格を、一挙に日本側が二倍に引き上げた問題のごときや、またゴム、食料油などを、柳船（当時日独間を往復していたドイツ輸送船を、秘密保持上柳船という暗語でよんだ）へ供給することを日本側が拒絶しようとしているとの情報がドイツ側に伝わったころなので、ますます対日空気を悪くしているところへ、たまたま東京から日本大使宛ての電報で、鉄鋼数百万トン、アルミ十万トン、船舶五十万トンをドイツ側から日本側に譲渡してもらいたいという藪から棒の電報が、一月早々舞いこんできた。これは、日本は協力もせずに勝手な振舞いや要求ばかりする、捨てて置けといったような悪い反響をドイツ側に起させた。

在独のわれわれも、拡大な地域に大規模な作戦を展開している日本の軍需品の生産や補給については、非常に懸念していたのであるが、日本からは重要な戦況すら知らせてこなかったほどで、日本の重要生産の状況についても内地からはなんの通知もなく、不安のうちにかれこれと想像するばかりであった。「鉄、石炭、アルミなどの重要生産の低下によって、船舶、飛行機の補充が続かず、戦力の増強どころか、その維持さえもできないという深刻な状況にある」という実情を知ったのは昭和十八年四月に来独した、陸海軍連絡使からきいたのがはじめてというような次第であったので、当時としては内地からの突然の要望をドイツ側に申入れても、相手を納得させる説明の資料もなく自信もない状況であった。

一方、ドイツ側においても、米英ソ、なかんずくアメリカの大生産力に対抗して、ドイツ空軍の更新増強（在来の二倍に増大）陸海軍兵器の増産、潜水艦の量産、防空施設の拡充、欧州沿岸要塞の増築等々に、また人的資源の面においても戦闘員の補充はもちろんのこと労務動員を徹底して、婦人の工場進出、外国人労務者の使用など総動員態勢の拡充に難渋していた際なので、とうてい他を顧みる余裕のない有様であった。

たとえば、当時の日本側から強く要望していた工作機械の譲渡の交渉も、日本海軍のインド洋進出延期の反響やドイツ海軍首脳部の更迭《こうてつ》などのために絶望の状況にあった。

そこで私は「まことに寒心にたえない日独の関係を、すみやかに改善するため、日独間の軍と軍との協力実現について反省善処されたい」という強硬な意見を東京に打電した。

日独の疎隔は、単に両国軍間の疎隔だけにとどまらず、ドイツ国民の対日感情にも強く反映し、独伊のスエズ作戦が苦境にあるにもかかわらず、日本側の態度が依然として非協力であることが民間にも伝わり、日米開戦の当時ドイツ国内にみなぎった対日信頼や感謝の空気とは打って変って、日本の作戦指導や政策は利己主義一点ばりであるという非難の声が高まった。

イタリアに滞在中の阿部中将からも、イタリアの日本にたいする失望の空気が急に強くなったという報告もきた。

そのころたまたまベルリンで欧州在勤の日本大公使会議が開かれた際、これに出席するため東京から特派された外務省連絡官から「東京では、大東亜戦争は独伊とは無関係な戦争である」という空気が濃厚であるという発言のあったことを私は聞いていた。

独伊と日本が距離的に遠く偏在し、それぞれ当面の戦争相手も違ううえに、国情や国力にも相違があることで、ながく緊密な協力関係を現実に維持して行くことはむずかしい。したがって同じ意味で英米ソの間でも、すべてが円滑にいっているとは思えないが、戦争指導上の大きな問題になると、英米ソは大局的によく協力して、日独伊にたいする遠大な計画を、ぐんぐん具体化して行く有様がひしひしと感じられる情勢にあって、日独疎隔の空気のなかに立つ私には、その米英ソの軍事協力が羨ましいものに思えてならなかった。

私はかような日独間の空気を憂慮して、昭和十八年（一九四三年）一月四日フリッケ大将をその私邸に訪ね、腹蔵なく意見の交換を行った。その時の会談記録はつぎの通りである。

野村　本日はたがいに腹蔵なく話したい。

フリッケ　敵側は協同作戦計画をたて、密接な作戦申合せによって行動しているときであるから、われわれ三国側ももうすこし立ち入って作戦申合せを行いたいと思うが貴見如何。

野村　現在は昨年一月十八日の軍事協定に基き作戦を実施している次第であるが、ドイツ側は独ソ戦に引っかかり、軍事協定できめた地中海、中近東の敵兵力ならびに拠点の覆滅という作戦目的はまだ達成されていない。

貴見には、私個人として原則的には同意であるが、具体的にいって、いつからどのような戦争指導をとるかというような根本問題になると、事前の十分な準備なくしてはむずかしいと思う。よって私は三国のとるべき作戦の重点を申合せ、終局において協同の戦果になるように、各国が作戦して行くほかはないと思う。

フリッケ　自分もそう思う。しかし今後の戦争指導の根本的な問題については、おたがいに研究することにしたい。大島大使にも考えがあるようだが如何。

野村　大島大使の考えとして自分が耳にしていることは、この戦争をだいたい何年までに終結に導くかという見透しを、おたがいに申合せ、これを基礎として、三国は何年度には何々の作戦を行う。またこの作戦を基礎として政略的なことも打合せるという考えのようである。いずれにせよ、大いに研究の要がある。

フリッケ　欧亜作戦の現状について、自分の率直な意見を述べるならば、ドイツは陸上においてソ軍を撃破し、海上において英米遠征軍の後方輸送路を遮断することを戦争指導の眼目とし、右の両目的を達すれば、陸上のその他の作戦はさほどの難事ではない。

また、たとえ海上に敵の優勢艦隊が存在しても、今次の戦争目的は達し得られると考えている。

しかるに日本は、敵の陸海空の兵軍および根拠地を撃破することを眼目として作戦を進め、ソ連にたいしては交戦を避け、敵の海上交通の破壊についてはこれを軽視するという方針であって、独伊とは大いに喰い違っている。しかしドイツがソ連軍を撃破していることが、日本の北方の国防に大きな寄与となっていることは、日本側も承知のことと思う。敵の後方輸送路の破壊は、共同の敵にたいする共同の作戦手段と思うが、日本側でも思い切ってこの作戦を強化する方針はとれないか。

野村　ソ連にたいする日本の現在の態度は、貴説の通りであるが、目下南太平洋に作戦中であるから、日本にとって北方はぜひとも平静が必要である。ただし日本陸軍は万一に備えて、有力な兵軍を満州に配置していることを忘れないでもらいたい。交通破壊戦にたいしては、割き得る潜水艦の最大限を充当して、実施していることはご承知のとおりであるが、なにぶんにも日本の潜水艦数は少く、外洋に行動のできる数は約四十隻と記憶している。その半数の二十隻は、艦隊の耳目として随伴行動しているので、残り二十隻が交通破壊戦に充当されるとしても、二直交代で毎回十隻ずつが行動海面にあることになり、これもインド洋と豪州近海とに二分すれば、五隻程度しかインド洋には配せられない。しかし日本海軍の主作戦が一段落すれば、潜水艦の大部分、水上艦艇および航空部隊も通商破壊戦に当てられ、効果的な作戦が実施されると思う。

私はドイツの潜水艦戦の成果には多大の期待をかけているが、はたしてこれで英米に致命的打撃を与えられるかどうか、これには疑問がある。ついては現在ドイツ潜水艦の保有数、建造状況などはどうか。

フリッケ　現に外洋に作戦中のもの二二五隻、すでに完成して出動準備の訓練中のもの一五〇隻、教育用六十隻、建造中のもの毎月平均の竣工数は、本年が月二十隻、来年は二十五隻となるので、ドイツ海軍はこんにち以後いよいよ潜水艦戦に徹底する考えである。人員の不足は水上艦艇を犠牲にして補充している。

イタリアは対潜警戒、輸送掩護用の駆逐艦、小艦艇の損害が多かったので、その補充に重点をおくことに申合せてある。

将来状況が一変した場合、ドイツの水上艦隊は日本の海軍と合同して作戦することがないともかぎらない。

野村　ドイツの潜水艦数の増加ならびに決意を承わり力強く思う。ドイツ潜水艦の乗員補充に困難される場合には、日本海軍軍人をドイツ潜水艦に乗せて作戦させることも一案と考える。

フリッケ　最近の日本の状況について承知したい。

野村　西南太平洋方面の作戦が、目下進行中であることはすでにご承知のとおりである。

またこの作戦が一段落後、インド洋方面に作戦する計画であることも貴官に通知したとおりである。

以上この会談によって、ドイツはソ連陸軍を撃破し、英米の後方輸送路を潜水艦戦で撃破することを、一貫した戦争指導の二眼目としていることがよくわかる。

さらに私は昭和十八年（一九四三年）一月二十九日、阿部中将とともにフリッケ作戦部長を訪ね、作戦について会議を重ねた。その会談記録はつぎのとおりである。

阿部　昨年イタリアにたいしマルタ占領の重要性を進言しておいたが、エジプト作戦のために実施されなかった。しかしマルタ占領の重要性は今日も変らず、空軍の爆撃でこれを制圧するだけでは不十分である。イタリア軍単独では占領作戦は困難と思う。

フリッケ　ドイツは最初からマルタの意義を重視して強調してきた。しかし英米がアルゼリア沿岸を占領して地中海沿岸に基地を増したから、マルタの価値は減少した。マルタ攻略の最良時機はイタリアの参戦直後であったと思う。目下英米の基地が多数近接している状況では、イタリア作戦は実現の見込みが少くなった。個人の意見では、東部対ソ戦線の現状ではマルタ攻略にドイツ軍を割くことは不可能と思う。

阿部　マルタの意義が減少したとみる意見について阿部中将の見解は如何。
敵側は、自分の補給路の安全確保のために、一層マルタを強化するであろうし、そのうえは北アフリカにたいする独伊の補給に一段の脅威となろう。

フリッケ　マルタを完全に遮断することは今日でも望ましいことではあるが、今日の情勢ではさほど緊要ではない。

阿部　東部戦線の重要なことはもちろんであるが、地中海も主戦場である。将来の戦局にとってジブラルタル、スエズは決定的な意義がある。

フリッケ　地中海も決定的な重要戦場ではあるが、目下のドイツの重点は対ソ戦である。ジブラルタル方面はドイツにとっては状況良好である。イベリヤ半島からする大陸への脅威は、スペイン、ポルトガルがその国防をドイツに依存しているかぎり、その脅威は少い。スエズは西方から大兵力をもって、長期間の攻撃を加えることによってのみ攻略することが可能である。コウカサス方面からスエズに進撃できるかどうかは、東部戦線今後の戦況を見たうえでなければなんとも言えない。

阿部　イタリア海軍の不活発は、油の不足によるとのことであるが、ドイツから供給してはいかが。

フリッケ　油は欠乏している。ドイツ海軍は自分の活動を制限してイタリアに援助している。明春になればさらに多量の供給が可能となろう。

阿部　敵は北アフリカに基地を占領したので、新たに地中海に海上兵力を増強することが可能となった。これにたいしてはイタリアの行った襲撃艇による攻撃も有効であろう。

イギリスはフランス沿岸でドイツ船舶にたいし、同様のことを行ったとのことであるが、ドイツの見解ならびにイギリスの奇襲状況を詳細に承わりたい。

フリッケ　地中海方面でこの種の攻撃実施については、イタリアだけが兵力を持っている。フランス沿岸でのイギリスの奇襲は効果が少かったが、後も有力な兵力で同様な奇襲をくりかえすであろう。日本海軍もかような敵の企図を警戒する要がある。

しかし海上作戦でもっとも重要なのは、敵船腹の減殺である。敵の基地にたいする補給船腹を攻撃することは、海上作戦の本来の目標である。ドイツは海戦当初からこの見地で準備してきた。南太平洋でも船腹問題が重要な意義を示している。英米が十分な船腹を有するかぎり、日本にたいしても作戦の持続は可能である。インドおよび濠州への海上交通の中心であるインド洋の海上交通破壊は、日本にとっても決定的意義がある。

野村　インド洋の重要性は明瞭である。しかし日本海軍は日本に重要な区域の制海制空権の獲得が先決であるという伝統的思想でこんにちまできている。

フリッケ　協同戦争では協同の努力を同一目標に集中することが肝要だ。商船は戦時では武装した戦力輸送機関である。英米は、現下の情勢はあらゆる面で自己に有利と見ているが、船腹問題に関するかぎり非常に苦悶している。日本が英米の海上兵力を撃破できるかどうかは疑問であるが、敵船腹の撃破はいつでも可能である。

野村　日本海軍は日本の勢力圏内の安全確保という重大任務がある。これが確保され、そのうえアメリカ艦隊が撃破された後ならば、敵補給線の撃破は容易である。しかし敵の交通線の破壊は協同戦争の指導上きわめて重要であるから、ドイツ海軍の見解を十分に東京に伝えよう。

フリッケ　英米の造船能力にかんがみ、日本側で月二十ないし三十万トン撃沈すれば、英米は手をあげる。

以上のたびたびの会談はそのつど東京に報告したが、東京からドイツ海軍の見解にたいする回答があったので、昭和十八年（一九四三年）二月十八日、ドイツ海軍前作戦部長フリッケ大将と新作戦部長マイセル中将（両氏は交代の事務引継中）が同席している場所を訪ねて東京の見解を伝えた。

一　日本の地位はドイツにくらべ本質的に異り、日本は海洋国で、その国防は海洋に依存している。日本の国防にたいする海軍の使命は明らかである。日本がまず第一に海上の戦略態勢を確立することは、他のすべての作戦の前提でもある。日本が今日まであらゆる手段をつくして海陸空軍をもって敵の攻撃企図を破砕し、敵の拠点を撃滅して戦略要点を確保してきた理由はここにある。

以上は日本の在立上の先決要件であるとともに、協同作戦上の先決要件でもある。

二　交通破壊戦を日本は軽視しているわけではない。状況の許すかぎりインド洋に作戦させている。日本海軍の作戦が予期以上に時日を要したのは遺憾であるが、いまや日本海軍はその兵力を交通破壊戦に充当し得られる状況になったので、大規模に実施する方針である。

作戦海面については軍事協定を考慮するつもりであるが、日本海軍の潜水艦数が少いので、つねにインド洋に限定せず作戦効果のあるところに指向されるだろう。

三　三国の密接な協同作戦の重要性については、ドイツ海軍と全く同意見である。日本海軍は軍事協定を変更する必要はさしあたりないと思うが、またこれを固執するものではない。ドイツ海軍で要望があれば、いつでも改定の協議に応ずる。

以上の方針は在東京のスターマー大使およびベネカ海軍武官にも伝えてある。

このような日本海軍の見解にたいしても、フリッケ大将は依然としてインド洋における交通破壊戦に、日本海軍が思い切って力を入れることが、協同作戦の目標と一致するものであると主張して譲らなかった。この会談後間もなく東京からつぎの電報があった。

『日本海軍は交通破壊戦に兵力を向け得るようになったから、一層積極的に実施する予定であるが、日独の作戦思想の食い違いについては相互啓蒙に努力されたい』

この電報をマイセル新作戦部長と同席していたフリッケ氏に見せると、「自分が在職中最初にしてかつ最後の満足な東京電である」といって私と感激の握手を交わし、新任務に向って出発した。

フリッケ大将はまれに見る熱血児で、私と会談の際もしばしば卓を叩き、声をはげましてつめ寄るのが例であった。当時を回想して、いまもなお大将の風貌が私の眼前にある思いである。大将はその後戦線にあること数ヵ月の後、にわかに不帰の人となった。大将がドイツの最後の敗戦の惨状を見ることなく昇天したことは、私などよりも幸せであったともいえよう。私がよわい七十になってこの著述を志したのも、ドイツ海軍の首脳部のうちで、私にもっとも深い印象を与えた大将のすぐれた雄魂を後世に伝え、いささかその英霊を慰めたいという微意からでもある。

(付)日独海軍の論争

私が昭和十六年一月入独して以来、ドイツ海軍首脳部との間に往復会談した内容は、そのつど覚書を作っておたがいに交換したものである。これがさいわいに現在私の手許に保管されているので、前述の各会談記録はそのうちから摘記したものである。それを一読すれば、当時ドイツが直面していた戦局の危機や、そのためにドイツ側が日本海軍に求めた切実な要望が遺憾なく会談の上に反映し告白されている状況が、容易にわかるので、重複をいとわず記述した次第である。

このドイツ側の要望をめぐり、日独海軍間の意見の食い違いがはじまったのだが、元来多数国間の協同戦争の実施が円滑にいった例は、史上まれであって、それは国情、国力、国軍の特質、建軍の思想、戦争相手、作戦目的、連合国間の地理的関係などが素因となり、最後には兵術思想の相違となって疎隔が生れるのである。戦史家にとっては形の上の協同ということもむろん詮索の主要な対象ではあるが、連合国間の兵術思想の調整、精神的結合の問題がとくに重視されなければならない。

私はここに、協同作戦の実施についてドイツ海軍首脳部と会談した経過についての記述を終えるにあたって、そのいきさつをさらに要約してかかげるとともに、日独相互の意志の疎通をはかるために私のとった処置についてもまた一言して置きたいと思う。

日独海軍間の作戦思想の相違は、昭和十六年四月私と日本海軍の視察団一行が仏国ロリアンのドイツ潜水艦基地を視察したとき、ドイツ潜水艦長が「魚雷攻撃の目標は、たとえ前面に敵の主力艦がおっても、一トンでも多く輸送船を撃沈する目的に向けられるだろう」といった言葉に奇異の感を抱いたのがはじまりで、その後ながいあいだにわたって論争をくりかえすことになった。

独伊海軍としては、もちろん英海軍に歯がたたぬうえに海空軍がドイツ空軍下に吸収されて以来、海軍には航空兵力がなくなり、したがってさきにゲーリング空軍長官との会談記録のなかでも述べたように、海上の有力な攻撃兵器から航空魚雷が除かれたために、ドイツ海軍としては、いきおい潜水艦戦による敵輸送船の攻撃を唯一の屈敵手段と考えるようになったのも無理からぬことである。

またレーダー海軍長官は第一次世界大戦の後、十年間もその職にあって、一九三三年以来のドイツ海軍の再建にあたっては、潜水艦の急速充実に最重点をおくとともに、主力艦、巡洋艦、駆逐艦などの水上艦艇の建造にも力を注いで相当の兵力を保有していたので、三国条約締結の当時には日独伊三国の海上兵力をもってすれば、英米海軍に対抗できるとさえ考えていたようである。しかし、開戦後の海上作戦に現われたように、有力な航空魚雷兵力を持たないドイツ海軍としては、結局潜水艦戦に作戦の重点をおくほかはないという結論になったのである。

このドイツの潜水艦重視の傾向に、一層の拍車をかけることになったのは、レーダー海軍長官の更迭である。というのは開戦冒頭の日本海軍航空部隊のあげたすばらしい戦果が、強くドイツ海軍部内に反響を呼んだことと、私とドイツ海軍首脳部間の永いあいだの論争を通じて、日本海軍の兵術思想がドイツ海軍部内にも反映していった結果、ドイツ海軍に当然残しておくべきであった航空兵力を手離して、ドイツ空軍に併合させてしまった当の責任者であるレーダー海軍長官にたいする非難の声がドイツ海軍部内に高まり、これに加えて、インド洋の敵輸送路攻撃に、日本海軍の協同が実現されなかったことから、同長官とヒットラー総統の間もまずくなって、ついに昭和十八年二月同長官とフリッケ作戦部長が退陣して、その後任に開戦以来の潜水艦隊指揮官であったデーニッツ大将が元帥に進級して就任し、マイセル中将が作戦部長となって、いよいよ潜水艦一本槍の方向に直進することになったのである。

したがって日独海軍の協同の問題についても、ドイツ側はつねに潜水艦戦を中心として日本側に要望してきたのである。昭和十七年末独伊がスエズ作戦に難渋し、日本側もまたソロモン方面に手こずっていたころ、私がフリッケ作戦部長と会談した際、同作戦部長は「艦船の量産や航空機増産の競争では、日本はとうていアメリカに勝てぬのだから、日本海軍も艦隊対艦隊の作戦ばかりに執着せず、今日の情勢では敵の海上補給路の攻撃に当然乗り出すべきである」と強調したし、また二月、私が軍事委員長グロス大将およびイタリア作戦連絡員ベルトルジー中将と会談したときも、敵後方補給線の攻撃問題が議論の中心であったほどで、日独海軍間の作戦論議もまたこのころが最高潮に達した。

海外からの補給路がイギリス本国の生命線である点からして、ドイツ海軍が潜水艦主義に徹底したことも十分にうなずかれることであって、毎月敵側輸送船を七〇万トン近くも撃沈して、一時イギリスが悲鳴をあげたほどのドイツ潜水艦の実績は、日本海軍にも強く反映して、昭和十八年はじめごろから敵の電波兵器による日本海軍の損害が激増するにしたがい、大型艦船の新造補充に苦しむようになると、ついにドイツ海軍の潜水艦主義にならって敵輸送船の攻撃を主目的とした小型潜水艦の急速量産をはじめるという結果になった。

このような論争の衝にあたった私としては、戦局重大の折柄、なんとかして日独海軍の協調を復活したいと考え、そのときちょうどドイツ海軍長官および作戦部長の交代という好機でもあったので、昭和十八年二月十二日付でつぎのような書翰をグロス軍事委員長宛に送り、また私の意のあるところをドイツ海軍部内にも伝えてもらうように要望した。

『本月一日の会談において、日本海軍の兵術思想に関し、貴下と意見交換の機会を得たことを欣快《きんかい》とする。ただ私の語学の未熟のために貴下の十分な理解が得られたかどうかの懸念もあり、また内容の重要性にもかんがみ、私の意見をこの書翰にまとめ、かさねて貴覧に供するものである。

日本海軍および海軍航空部隊の作戦目標に関する考え方は、インド洋をふくむ西太平洋の制海、制空を第一とし、この目的達成のため、まず敵の艦隊および航空部隊を撃破するにある。したがって日本海軍は、第一に敵の主兵である戦艦、空母、重巡を攻撃目標とし、その他の小艦艇や輸送船の攻撃は第二にしている。

しかるに貴下の意見は、「日本のかような思想は、マハンの戦略説によるもので、ドイツは第一次大戦の貴重な戦訓にかんがみ、かような作戦は敵味方たがいに損害を補充する代艦建造の競争となるにすぎない。これでは戦争目的の達成は不可能である。ドイツ海軍は敵輸送船を攻撃目標とした潜水艦中心の作戦によって、敵側の軍需資材の輸送を絶つことにより、戦争目的達成の鍵を発見しようとするものである。ゆえにドイツ海軍は日本海軍が西太平洋の戦略的地位を確保したならば、ただちに敵後方輸送路の攻撃に乗り出すことを要望してやまない。ソロモン方面の海戦は日本の海上権に決定的意義をもつものでもなく、またソロモン地域は主要交通線および防禦線から遠く偏在しているので、三国協同の作戦地域であるインド洋の重要性にくらべて問題にならぬ。今後依然として同方面にひきつけられていることは、日本海軍の戦略的過失である」と記憶する。

私は貴下の見解にたいして、異論をとなえるものではないが、日本海軍の作戦思想は、けっしてマハンの戦略論から出たものではない。日本の国情、国力、地位の上に立って、日露海戦の体験、第一次大戦の英独海戦の経過などの教訓はむろんのこと、近代的兵器である潜水艦、航空機の価値を重視して、ながいあいだ研究練成した結果のもので、日本海軍の伝統的信念となっているものである。……（中略）

ドイツ潜水艦に関する私の見解について、万一にも貴下の誤解のないように一言しておきたいことは、私は一九三九年開戦当時の状況において、ドイツ海軍が潜水艦に重点をおき大量建造を断行し、敵の海上輸送を破壊して敵を屈伏させようとした努力と成果には、絶大の信頼を置いている。

私はこのドイツ海軍の確信と日本海軍の伝統的作戦思想とが、枢軸側の海上作戦を勝利に導くものであることを強調したい。したがって私はドイツ海軍が潜水艦の建造を一層強化して、千隻の潜水艦兵力の保有に成功されることを切望するとともに、日本海軍もしだいに敵輸送路の破壊作戦を強化して、ドイツ潜水艦作戦に密接に協力する方針であることに貴下の注意を喚起したい。

イギリスが、強大な海軍力を維持して制海権を確保し、世界に雄飛してきた歴史は申すにおよばず、またアメリカが現に尨大な工業力、とくに造船能力にもの言わせて、開戦時に失った艦隊勢力を恢復し日本海軍に迫りつつ、一方、欧州に第二戦線を進め、敵側への軍需供給を一手に引受けているが、英米海軍は「海を支配する者は終局の勝利者である」という信念に燃えている。

この英米海軍を相手にして、われわれ三国海軍はすでに戦わねばならぬ運命におかれ、勝ち抜かねばならぬ使命を課せられている。ゆえに私は独伊海軍は、

一　あらゆる機会をとらえ、水上部隊、水中部隊および空軍を出撃させて、敵海上兵力を減殺し、また陸軍と協同して敵の基地を占領し、少くともバルチック海、地中海および黒海の支配権を獲得しなければならぬ。

二　現在実行中の潜水艦戦をますます強化して、敵の後方補給路を絶つとともに、渡洋遠征の企図を放棄させねばならぬと思う。

東亜方面においては、日本は西太平洋の制海権及び制空権を確保しつづけて敵の反

撃意図を破砕しながら、割き得るかぎりの海上兵力で敵後方輸送路の破壊にあたらねばならぬ。……（中略）

しかし兵力には限度があって、多方面の同時作戦の実施が困難の場合もあり、またそれぞれの直面する戦局の推移も同様ではないので、結局は重要度にしたがって逐次作戦して行くことによって三国が協力し合うことになると思う。……（後略）』

この書翰は、グロス大将からカイテル総軍参謀総長、ヨードル総軍作戦部長、マイセル海軍作戦部長、ブルックナー国務省外国課長（戦争指導担任）陸海軍軍事委員へそれぞれ写しを配布したという返事があった。

仲直りにドイツ潜水艦の寄贈

前にも述べたとおり、日独海軍の間には意見の食い違いが長いあいだ続いたが、昭和十八年二月、新海軍長官デーニッツ元帥の就任と前後して、日本海軍からも「近いうちにインド洋方面の敵交通線の破壊作戦を強化する」という電報がきて、しだいに両海軍の意志の疎通も回復し、そのしるしとして実ったのが潜水艦寄贈問題である。

その折衝の経過については、私が昭和十八年（一九四三年）七月、その寄贈潜水艦の第一艦U号に乗って帰国し、海軍大臣に口頭報告したときの覚書のなかから拾いあげて、当時を回想することにしたい。

昭和十八年二月初旬、大島大使とヒットラー総統、リッペントロップ外相の三者会談の際、ヒ総統から言いだしたのがこの問題の発端である。それはスエズおよび中近東方面の作戦で独伊側が不利におちいり、長期戦の形勢になった際、日本側においても次第に敵交通線の破壊に乗り出すという東京電報を受けとって、私がフリッケ作戦部長との間を往復していたころのことであった。

ヒ総統から潜水艦寄贈の口火が切られたのは、前もってドイツ海軍部と下相談をしたうえでのことではなく、総統の思いつきで言及したものであったから、そのときドイツ海軍からはなんらの連絡もなかった。そこで私の方からはドイツ海軍に話を切り出さずに、大島大使からリ外相に相談して、リ外相に日独海軍間の話合いをはじめるきっかけを斡旋してもらうことにした。

ついでリ外相から大島大使に「日本政府からの潜水艦譲渡希望の申入れは、日本海軍が将来敵の交通破壊戦を強化することを確言したものと了解してよろしいか」との質問があり、大島大使から「そのとおり、日本海軍を信頼されたい」と返事をして数時間後、リ外相から「ドイツ海軍は万事了解ずみであるから、野村中将（著者）とマイセル作戦部長との間で具体的な相談を進められたい」との返事があった。

そこで私は、ただちにマイセル作戦部長を訪ねてドイツ海軍の好意を謝した。ちょうどその晩、私は新旧作戦部長などを晩餐《ばんさん》に招待してあったので、その席上マイセル中将に寄贈潜水艦の第一艦は潜水艦戦強化の期待にそうため、すみやかにドイツ乗員で日本に回航してもらいたい、第二艦は日本から潜水艦で回航乗員をドイツに運ぶことにしたいと私見を申入れたところ、だいたい同意したように見受けられた。ところが数日後ドイツ作戦部から回答があって、デーニッツ長官の意見では、人員不足の折柄、潜水艦の日本回航は日本海軍の乗員でやって貰いたいとのことであった。

そこでこの旨を東京に電報したところ、東京からは艦型についての希望、今後多数の潜水艦の譲渡または建造注文の可能性についてドイツ側の意向をたしかめるようにという電報があったので、マイセル中将を訪ねて懇談し、とくに第一艦だけはドイツ乗員で回航して貰いたいと重ねて要望した結果、数日後にこれを了承するという回答を得た。

しかし多量建造の問題や寄贈潜水艦に装備してある機関、兵器類の製造権の問題などが残っているので、私はその後、リ外相に会った際につぎのような話合いをした。

リ外相　貴下はこんど寄贈の潜水艦で帰国されるそうであるが、日本はこの潜水艦をモデルにして、いつごろから多量建造の潜水艦が戦線に活躍することになるだろうか。

野村　私見として、寄贈潜水艦が日本に着くのは八月ごろとなろう。そして多量建造に着手できるのは早くて来年はじめかと思うので潜水艦の竣工を見るのは来年末となろう。

リ外相　日本はまず一隻だけ試験的に造るか、それとも最初から多量同時建造をやるのか。

野村　私見として、まず一工廠で数隻の建造をはじめ、その間に他工廠での準備が整うのに応じて量産にかかると思う。

リ外相　今後日本海軍でも潜水艦戦にもっとも力をいれてもらいたい。

野村　貴外相は、日本海軍の潜水艦戦はドイツ潜水艦の回航後多量建造が完了しなければできないように考えているようであるが、日本海軍の敵輸送路の破壊戦は割き得るかぎりの潜水艦、水上艦船、航空機をもってすでに活発に実行している。最近一ヵ月の撃沈トン数は三〇万トンに達している。

つぎにドイツ海軍の意向をただしていた多量建造注文、または譲渡の問題については、再三その回答を促したのであったが、ドイツ造船所は敵の爆撃で被害が累増しているうえ、自国の潜水艦や沿岸防備用の小艦艇の建造修理に追われていたので、私が帰国するまでには回答が得られなかった。（以下略）

以上がこの問題のあらましのいきさつである。

ドイツはなぜ対ソ攻勢につまづいたか

三国軍事協定の成立後、一九四二年度のドイツ軍の対ソ攻勢がどのような目的と規模をもって計画されたかについては、前述したドイツ首脳部との会談経過によって、読者にもだいたいの見当はついたことと思うが、このように大きな期待をかけて計画されたこの対ソ攻勢の結果は、またしても枢軸軍の敗退に終り、ドイツに重ねて大きな衝撃を与えたのであった。

一九四二年新春早々、ドイツ軍はその精鋭をもって、まずセバストポールを攻略した。この新春早々の作戦開始は、本年こそは冬になる前に対ソ戦を片づけてしまうという考えからである。セバストポールが案外早く陥落したので、夏秋のころまでには、ぜひとも南北二千キロにわたる戦線のソ軍を随所に捕捉撃破するという目途で、とくに重点を南方の要衝スターリングラードの攻略に指向したのである。猛攻力戦、その攻防は久しきにおよび、見るものをして手に汗をにぎらせるものがあった。

ちょうどこのころ、地中海北ア方面の戦勢は次第に不利に傾いていたので、ドイツは対ソ戦によって頽勢《たいせい》を一挙に挽回するため、スターリングラードに重点攻撃を加えたのであるが、その陥落もあと五分と思われる段階に達したとき、二千キロの戦線のうちでもっとも弱点と思われていた、ルーマニアなどの欧州与国軍を配備してあったドン地区にたいし、決河の勢いでソ軍の突破攻撃が加えられ、ここに大穴があいたために、スターリングラードに進出したドイツ軍は後方遮断の危機に直面することとなって、戦局は急転直下、ドイツ軍は当初の攻勢作戦の計画を放棄して、防勢に立たざるを得なくなったのである。

かような情勢に直面して、独伊軍首脳が、はたしてどんな方策をもってこれに対処するかは、戦局の将来を決する重大な問題として、内外の注目を浴びたのであった。

そこでなぜに独伊軍がこのような惨敗をふたたび招くにいたったか、これについては、いろいろの理由が考えられるが、私がベルリンで調査した結果は、つぎのような点にあった。

一　独軍首脳があいかわらずソ軍戦力を下算していたことが最大の原因のようである。ではその下算はなにに原因するかといえば、それは要するに、英米方面からインド洋その他を通してソ連に移入される物量について、計算のくるいがあったからである。

二　前回の冬季戦（モスクワ敗戦）ののちに計画された今回の新作戦の目標は、むしろ要地攻略に傾いて、敵兵力の撃破を軽視した感があった。それは日米開戦以来、日本軍がわずかに数ヵ月の間に挙げた戦果、とくに広大な南方要地の占領作戦に刺激をうけたこと、および東亜との海上交通の回復、戦用必需物資の輸入確保などの要望も加わって、ともすれば地域の占拠を重視して、兵軍撃滅の作戦を軽視したようである。

三 優勢なソ軍にたいし、つねに劣勢をもって対抗力戦してきたこと。たとえばスターリングラードの戦いにおいても、最後の時機に予備兵力がなくなっていたこと。また長大な二千キロの戦線に配する兵力の劣勢を補うために、ルーマニア、ハンガリアなどの与国軍を重要な第一線に配しなければならなかったほど、兵力に余裕がなかったこと。そしてこの与国軍の弱点に、ソ軍の集団軍と有力な戦車軍の集中攻撃を受けて、一たまりもなく破局を招来したのである。

また兵器装備の点でも、ドイツ側の戦車は大部分が二八トン戦車であって、わずかに六〇トン戦車が顔を出した程度であったが、ソ軍は多数の四四トン戦車をくり出したこと。これにはドイツ軍も意外であったほどで、この点でもドイツ軍はかならずしも優勢ではなかったのである。

空軍兵力では全般的にドイツ軍が優勢であったが、当時空軍の大更新が進行中で、機材の供給が不十分なうえに、地中海、北アフリカ方面にも空軍を割かねばならぬ状況にあったため、空軍もまたかならずしも優勢を誇るわけにはいかなかった。

このようにしてドイツ軍はふたたびとりかえしのつかぬ敗北を重ねたのであるが、聞くところによれば、こんどの作戦計画の樹立にあたって、ドイツ軍将師の中には強力な敵軍の布陣を側方に見て、南方スターリングラード、さらにコウカサス、中近東進出という兵理の原則を無視したやり方に、強く反対した人がかなりあったということである。しかし例のヒットラー総統の性格は、この反対を押し切り、一部上級幹部の更迭をさえ断行してこの計画を強行したということである。

これが原因で、後日ヒットラー暗殺の陰謀となり、それが発覚して関係者の大粛清が行われ、ちょうどフランス海岸に米軍の第二戦線の上陸が行われる直前の重大な時機に、軍の内部に一大動揺が起きたという遺憾な事件の原因が、ヒットラー総統の無理押しにあったといわれる。

国家の興亡をかけた戦争の指導にあたっては、大戦略眼にとぼしい権力指導者ほど危いものはないということを知らねばならない。

私はスターリングラードの敗退の起る以前、セバストポールが陥落して間もない一九四二年の六月、ドイツ軍の案内を受けて在独各国武官とともにウクライナ地方およびセバストポール方面の戦跡を視察したことがある。

この視察中、案内のドイツ軍将校から聞いたことや私の見たうちで、読者に興味ありそうな二つ三つをひろってみる。

一　豊饒なウクライナ地方について

私は満州からシベリア、ソ連を三たび通過し、また欧州はもちろん北米なども旅行しことがある。これらの旅行を通じて、地味のすぐれた豊饒《ほうじょう》な地方としては、なんといっても、満州、ウクライナ、カリフォルニアであると思う。満州を過ぎるとシベリア、ウラル、東ソの各地はなかば砂漠である。ポーランド、ドイツ、フランスなどでも砂漠に類する地域が少くない。しかしひとたびウクライナにはいると光景は一変する。かぎりない沃野のつらなりである。このウクライナを奪取されたソ連と、これを手に入れたドイツとの得失の差は、実にはかり知ることのできないものがある。

ドイツはウクライナを掌握するかぎり、食糧は大丈夫なので、第一次大戦の時のように、食糧封鎖によって崩壊を招くような恐れは絶対にないというのが、当時視察を共にしたわれわれ各国武官の一致した所感であった。

二　セバストポールの視察から

われわれ外国武官一行がセバストポールに足を踏みいれた時は、ちょうど同地がドイツ軍の猛攻によって陥落した直後であった。猛烈な砲爆撃の攻防の跡は、市街といわず防壁といわず、実に惨澹《さんたん》たるものであった。いたるところにまだ戦死者の死骸が横たわっていた。

そのなかで、私の心をもっとも暗くした一事がある。それはセバストポールの市外に一つの丘陵があって、数千人の市民を収容することができる空襲退避壕が作られてあった。ソ軍は退却の際、命令一下退避壕を爆破するように指令されていたのであるが、こんどの退却のときにはまだ数千人の市民が壕内に避難していたままのところを爆破し、全員を生き埋めにして退却したとの話であった。

これはソ連が退却する場合には、あとには市民、建物、食糧などドイツ側に利用される一切のものをそのままには残さないという方針からであると聞いた。

私はその退避壕の入口に立って鬼気迫るものを感じた。そして戦争とはいえ、なぜにこんな無慈悲なことをしたのかと案内のドイツ将校に聞いたとき、彼は「それがボルシェヴィクというものですよ」と一言いっただけで、あとは語ろうともしなかった。

この退避壕を去って、海岸に近いソ軍の築城砲台を視察した。ところがこれまた驚いたことには、この砲台も同様に爆破して退却したのであるが、その砲台の中でも多数のソ軍同胞将兵が生き埋めにされたということであった。

私はこの視察旅行を終っての帰途、車中で案内のドイツ将校からソ軍についていろいろの話を聞かされたが、そのなかにいわゆる人海戦術というものについてつぎのような話があった。

「ソ軍の突撃は実にものすごいものである。一波が突撃して全滅すると、つぎの一波が来る。この突撃が全滅すればまたつぎが来る。何回も繰りかえして来るさまは、ちょうど浜辺に寄せる波が岸に砕けると、つぎの波がきてまた砕ける有様と同じである。反撃の命令に躊躇していようものなら後方の督戦隊に狙撃されるからである。これが人海戦術というものである」

この期待をかけた一九四二年末の対ソ新作戦が失敗したため、ドイツ軍の士気に大いに影響するところがあったので、ドイツ軍首脳部としてはすみやかに一九四三年度の対ソ作戦の建て直しをしなければならないうえに、地中海方面の措置もしなければならず、さらに当時実現の徴候がはっきりしてきた西部欧州への敵第二戦線の上陸にたいしても準備を急がなければならない情勢で、ドイツ大本営は文字どおり大車輪で新作戦計画の樹立をいそいでいた。

ちょうどそのころ、東京においても欧州戦局の推移を心配して、陸海軍の連絡使をベルリンに特派するから、大島大使以下在独の陸海軍武官と会談して、適宜ドイツ側と折衝するようにとの電報をよこした。

そこで連絡使一行のドイツ到着の予定を調べてみると、アンカラ着が四月上旬ということであるから、ベルリン到着は早くて四月中下旬となる。これでは時機すでにおそく、ドイツの新作戦計画が決定される前に日本側の意見をいれさせることができなくなるので、私は一行の到着を一日千秋の想いで待ったのである。

これよりさき一九四三年の二月上旬、ドイツ大本営海軍幕僚ブルックナー少将が私を訪ねて、「ドイツの戦局は実に容易ならぬものがある。ドイツ軍首脳部は頭が熱しているから、冷静な貴下の立場でドイツのとるべき作戦方針に関し、腹蔵のない意見を聞きたい」との申入れがあった。私としては事の重大性にかんがみて一応ことわったが、「頭の熱くなっている連中の参考とするので、まったくの貴下の私見でよろしいから、ぜひ聞かしてもらいたい」というので私もことわりかねて、つぎのように話した。

一　過去二ヵ年の経過を見るのに、ドイツ側の作戦計画には一貫性がとぼしい。計画が短期間の小間切れで、またその日暮しの感がある。戦局の現状にかんがみ、このさい来るべき二ヵ年ぐらいを目標とした一貫計画を考えてみては如何。

二　その場合の計画には、東亜における日本側の作戦とも気脈を通じるよう、日本側と打合せるべきである。

三　戦局の頽勢にかんがみ、枢軸側の士気を鼓舞するためのなんらかの措置をとることが肝要である。イタリアその他の与国においては一層その必要を痛感する。

四　作戦の細項について卑見を述べることを許されるならば、つぎのようなものである。

(イ)　対ソ戦で二回の失敗を重ね、さらにこれ以上敗退を招くことは、欧州全局の戦局に致命的な影響を来たすことになるので、ソ軍に一大打撃を与えることが必要である。しかしその戦法としては、地域の占領にとらわれないで、たとえば第一次大戦のタンネンベルヒの戦闘のように、敵兵軍にたいする一大殲滅戦の方式をとるべきであると思う。

(ロ) コウカサスから中近東に進出する既定の作戦については再考すべきである。
(ハ) チュニスは極力確保する要がある。
(ニ) 敵海上輸送船腹にたいする攻撃を強化して、その成果をますますあげることはドイツ海軍としてもっとも重要な作戦である。これには有力な遠距離偵察機の協力が絶対必要である。
(ホ) 適当な時機にイギリス空軍との決戦を行うことが必要になると思う。
(ヘ) 英本土上陸戦は対ソ戦が好転しないかぎり困難であるが、対英航空決戦の成果が大いに関係している。しかし電波兵器の発達した今日、よほどの確信がないかぎり、相手は海軍国であるから軽々に渡航作戦はやるべきではない。
(ト) 欧州大陸への敵側の第二戦線の企図にたいしては、周到な陸上防備と兵軍の配備に十全の準備を完了しておくこと。

以上はもちろん重点にしたがって実施されるべきで、私の入手した情報では、アメリカの軍需生産は今年が最高潮に達し、来年度には選挙戦を控えているので、今明年を期して戦争は決戦となるのではあるまいか。

私はちかく帰国することになるが、東京から陸海軍連絡使を迎えて、今後の日独作戦の連絡を一層緊密にする要があると思う。

なお私が離独するまでは日独両国のために、私の気のついた意見をそのつど率直に申入れるから、これまたご承知おきありたい。

私はこのような個人的意見を語って、ブルックナー少将と別れたのであった。

日独の経済協力

一九四一年の日米開戦以来、日独相互間の軍需資材融通交換についての双方の要望は、一層緊急の度を加えてきた。

そこで、混合委員会の経済委員会が中心となって、ながいあいだ折衝討議をかさねた結果、昭和十八年（一九四三年）一月、日独経済協定が成立した。

しかしドイツとしても、広大な戦線を張って大規模な消耗戦を展開しているので、欧州戦場にたいする補給に追われて、他を顧みる余裕のないというのが実情であったのに加えて、日独海軍間の作戦協力、とくにインド洋進出作戦の問題をめぐって、両国海軍に疎隔ができたことも手伝って、経済協定折衝中の間でも、また協定成立の後でも、日独間の期待物資の取引はなかなか円滑にいかなかったのである。そこでわれわれ当事者としては、なんどもドイツ側を督促し、また理解を求めることに努めた結果、ドイツ側の提案でこの協定の円滑迅速な実行を促進するために、日独軍需品連絡会議が設立されることになり、ようやくこの協定がすべり出したのである。

ドイツ側がこの協定に本腰を入れるようになったもっとも大きな動機は、ヒ総統の英断によるドイツ潜水艦の寄贈問題と、これにこたえて日本海軍がインド洋方面で敵輸送路遮断作戦をやるという意志表示であった。それ以来、日独間の期待物資の供与交換は、順調に実施されるようになり、たとえば交換物資を輸送する船舶も、当時日本側にはその余裕がなかったので、すべてドイツ船舶が欧亜間の輸送にあたったのである。

経済協定をめぐって、日独軍事委員の間ではげしく折衝した経過は、つぎの往復文書によって容易に了解されると思う。

一　昭和十七年（一九四二年）十一月二十七日「対日物資の供給促進について」日本側首席軍事委員（著者）から軍事委員長グロス大将宛の書翰

ドイツから日本への軍需品の供給については、昭和十七年二月十八日付ドイツ外務省のメモランダムに基いて、七月一日付日本の要望する軍需品細目表を提示したところ、八月八日付をもってドイツ側から日本の要望品の一部を提供する用意ある旨の通知があった。ところが、

(イ)　わが方要望品の内には現在の作戦遂行に必須の重要品目が含まれてあって、至急決定を待っているが、それらの品目についていまだに諾否の回答がないのは遺憾である。

(ロ)　すでに提供の用意がある旨の通告を受けたものでも、具体的交渉の進展しないもの

が多い。

このため日本としては入手の見込みが立たず、作戦の遂行に大きな支障を来たしている状況である。日独両国が東西において総力をあげて協同戦争に邁進しているこの際、両国間の軍需物資交易について、このような事態にあることは、両国の協同戦力の増強を阻害するものであって、まことに遺憾である。われわれ日本側委員は貴委員長にたいし、ドイツ側の各主管官庁がこの事情を了承して、対日物資の供給につき一層の協力を示すよう斡旋されるよう要望する。

二　私は日本側首席委員として、前記の書翰につぎのような率直な意見を添付して、かさねて注意を喚起した。

今日まで私がドイツ側と接触して得た印象では、日本がなぜドイツにたいし工作機械、鋼鉄、兵器、工業用品、飛行機用品などの譲渡供給を強く要望するかの理由について、ドイツ側に十分な理解がないように思われる。

(イ)　私は、日独両国は緊密な協同の下に、当面の作戦に最大の協同戦果をあげるよう努力するとともに、今後一、二年ののちに戦争長期化の場合を考えて、その戦力の充実に備えなければならないと思う。

敵側英米ソの戦力、とくにアメリカの尨大な工業力に対抗する三国側の戦力は、ドイツおよび日本の兵力と工業力が根幹である。

アメリカは現在海上兵力増強の計画として、エセックス級空母十一隻を主体とする合計五〇万トンの大空母艦隊および潜水艦二百隻の建造を急ぎ、空軍は年産五万機、人員二五〇万を目標として充実中であり、船舶は年間八百万トンを建造中との情報がある。

日本としては、広大な戦域における当面の作戦に万全を期し、さらに進んで敵の拠点または輸送路にたいする新作戦の実施を促進するとともに、上述のアメリカの戦力増強に対処して、ますます戦力の拡充をはかることが刻下の急務である。もちろんドイツとしては欧州戦局にたいする軍需の需要を重視するのは当然であるが、この協同戦争における日本の大きな役割を果させるために、日本の工業能力の増進に一層ドイツの援助を要望するものである。

(ロ) 右と関連してさらに了解を得たい点は、日本の工業技術はけっして幼稚ではない。ここに要望する工作機械類も、生産能力の急速増進上必要な特殊のもので、単にドイツ側の剰余品を提供するというようなものでは困る。したがって日本側の緊急な要望は、ドイツ軍部の要求と同程度に考慮され、即時供給困難の場合は、供給予定を日本側に予告して、日本の計画に食いちがいを来たさぬようにしてもらいたい。

日独相互のために折角できた経済協定の円滑な実施は、日独両官庁の協調協力のいかんにかかると思う。この際両国とも平時の商取引的な考え方を一掃して、真に協同の勝利獲得のために一層の協力が肝要である。

三　上述の私の書翰にたいする昭和十七年（一九四二年）十二月十二日付、グロス委員長からの回答

本月三日付で、ドイツからの軍需品供給の急速化と、供給量の増額についての日本側の要望と、その供給が三国協同の勝利獲得のために重要な意義のあることを強調された貴書翰の趣旨を了承した。

右の貴下の趣旨に私も全く同意見であるので、ただちに必要な措置を進めた。とくに本件の大部分の関係筋である国防省経済局、軍事兼経済委員であるベッカー少将に伝達し、同時に外務大臣および国防省長官にも貴書翰を回覧した。本件を急速に処置するには、全品目についての決定を待つことなく、決定した品目ごとにそのつど即答することが適当と考えている。また供給量増額の点も目下努力中で、これらの物資はおそくも一九四三年（昭和十八年）二月中旬までに積出港に集積の予定である。

なおドイツ側関係庁にたいしては、折衝事務を迅速に処理するよう示達ずみである。また貴下の指摘された意見に対しても理解と注意を喚起して、一九四三および四四年度輸送期間における日本の要望に、急速かつ全幅的に応ずるよう指示した。いま輸送期間中の東亜向け輸送貨物は五万トン以上となるよう極力努力する。

軍需工業の異常な多忙と、欧州戦局の強大な要請のために、日本軍の要望される高級

品の設計、供給には、相当長期の準備が必要であるのと、日本軍の要望が最近までわからなかったために、ドイツ側としても予定がたたなかった点は悪しからず了承されたい。しかし今回とった処置で、次年度は十分に船腹も利用し得られ、したがって貴要望に全幅的にそい得ることを確信するものである。

ここに私は貴下にたいし、ドイツ側全関係筋が協同作戦遂行上の、軍備拡充に関する広範囲な相互援助の重要性を、十分に了解したことを保証するものである。私のこの処置にたいし、貴下のご納得を切望するとともに貴下に敬意を表する。

私の率直な要望に応えて、グロス委員長のこの回答は懇切をきわめたものであったが、私はさらに念を押すため、つぎの書翰をグロス委員長に送った。

四　グロス委員長の再考を求めた書翰

去る十一月二十七日付書翰をもって、ドイツの日本にたいする軍需品供給の促進につき、貴官のご配慮を要望したところ、さっそく十二月十五日貴外務省から松島公使宛に、わが方要求物件中の重要品について、貴方の供給見透しの回答を受取ることができた。事務促進のため日独の関係者からなる委員会を作って、迅速に審議することになったとの通知もあった。かように本問題について曙光が認められるようになったのは、一に貴官のご配慮によるものと厚く謝意を表する。

しかるに日本の軍備拡充上焦眉《しょうび》の問題である工作機械については、右松島公使宛覚書には一週間以内に通告する旨が記載してあるにもかかわらず、その後ドイツ側回答によれば、供給可能の工作機械は既契約分の一部すなわち約千台と、わが方の要望規格に合わない一般市場品約千台であって、しかもこの輸送期間中に受取り可能のものは、約百台に過ぎない状況である。そのうえわが方が提示した二千五百台の新規注文品については なんら触れていない。

右のほかもっともわが方の急速整備を必要としている石炭液化装置についても、すでに二ヵ年にわたり貴方関係者と折衝中であるが、いまだに解決を見ないのである。右工作機械その他資材供給問題の核心をなすものは、それらの製造に要する原料割当の問題であって、貴方においてこの割当問題を解決せられない限り、個々の供給問題の折衝は無意味と思う。

また松島公使宛覚書に指示されてある供給条件についても、その対価がいちじるしく高く、従来の契約価格の三倍ないし十倍に達し、交渉停頓《ていとん》の状況である。

このような状態であるので、左記諸点について重ねて貴官の特別なご配慮を切望したい。

(イ)　日本側の対独期待物資の要望は総計約五〇万トンの見込みであるが、これらの要求額には全然不急品をふくんでおらず、ことごとく緊急の要望であるから、右二ヵ年分五〇万トンの予約と、これに付随する特殊合金材の割当を総括的に容認して貰いたい。

(ロ) 貴方から譲渡を受ける新兵器、工作機械等に付随する特許製造権の問題であるが、欧亜間の輸送能力の限度、またドイツの生産余力の現状を考えると、日本でも作れるように特許の使用を許容することが必要と思う。また少数ながら日本の新兵器をなんら対価問題に触れることなくドイツに提供しているにもかかわらず、ドイツ側は高価な対価問題を主張して引渡条件の決定がおくれたため、すでに敵側の手に渡り、敵に利用されている物件すらある。よってその対策としては、直接戦闘に利用される考案発明は、現戦争中にかぎり対価問題や引渡条件などの論議に時を費さぬように、日独両軍部の間で直接かつ積極的に相互提供を実行することと、特許製造権は即時日本軍部に引渡されることが効果的であると考える。

右の両提案は日独軍需物資交換上の障害をのぞく唯一の措置と考え、その解決に貴軍事委員長の特別のご配慮を切望するものである。

五　私の右申入れにたいする昭和十八年（一九四三年）三月八日付、グロス委員長からの回答

一九四三年二月十六日付貴翰において、貴下はドイツ側の対日軍需品の供給が、対価問題などに関するドイツ側の了解不足により遅延した旨を指摘され、またその対策として日独両軍部間の直接処理を可とする旨を提案された。

私はただちに貴方申出の事項の処理をはじめたところ、貴方申入れの品目がはなはだ多く、その検討に時日を要したため回答の遅延したことを遺憾とする。

私は前にも回答しておいたように、対日軍需品の供給に関係をもつドイツ官庁は軍、民の別なく、私と同様日独協同作戦の見地から、個人経済的な考えを離れて、最大可能の範囲で対日軍需品の供給を実行すべきであるという貴意見にまったく同意であることを保証す。このような見解がいかにドイツ側に徹底しているかは、ドイツ側の提案で作られた日独軍需委員会の活動と効果を見れば明らかである。

貴輸による細目品種の供給の決定は、軍以外の官庁の所掌ではあるが、貴方申入れの三十五項目のうち、価格問題のため引渡しの遅延しているのはわずかに五件に過ぎない。これによってドイツ側が軍需品交換の重要性を十分に認識していることを了承されたい。

ドイツ政府としても引渡条件にとらわれることなく諸準備を進めているのであって、同盟国の戦力向上に役立つことを第一義と考え、商業的な取引はもちろん第二義的に考えている。また欧亜間の輸送の機を逸しないために、もし日本軍部とドイツ商社間の商業上の取引、とくに価格問題などで、輸送に間に合わぬ恐れのある場合は、ドイツ政府の関係官庁がただちに介入して引渡しの促進に当る用意がある。

その他の案件についてもすみやかに折衝をすませて、つぎの輸送までに決定しておくことが肝要であるから、これまた必要の場合はただちにドイツ官庁が斡旋する用意がある。私は将来とも上記の日独軍需委員会が迅速有効な役割を果すことを確信している。

　今日まで軍需委員会の有効な業績がすでに確認され、今後においてもこの委員会が、製造ならびに供給計画の円滑な実施について、日本側のいかなる希望にもそい得るよう、日本側の要望抗議は遠慮なく本委員会に申入れられたい。

　ドイツ国防軍が直接処理すべきドイツ軍からの供給物件については、国防省経済部長兼三国同盟経済委員であるベッカー少将と直接交渉のうえ、満足に処理されることを確信するものである。

　日本の要望による鉄材についても輸送能力と睨み合わせて、逐次かつ適時に割当が決定されるであろう。しかし貴意見による将来二ヵ年分の一括割当の件は、生産計画の見透しがたたないので、その確約はいまのところ不可能であるが、日独軍需委員会ではすでにこの問題を取上げ研究中である。

　最後に私は、貴下によって喚起された注意と、貴下の要請による再検討の結果、物資の交換が大いに促進され、したがって戦争指導にたいする協同の努力を促すのに役立つことを希望しかつ確信するとともに、本問題を絶えず再検討することが私の責務であると痛感しているのである。

上述のとおり紆余曲折はあったが、その間日独両当事者の非常な努力によって、相互援助の精神は大いに昂揚したのであった。しかしなにぶんにも日独が東亜と欧州に偏在し、中断された状況において、とくに重量物資の輸送が問題であったが、輸送船の非常な冒険と適切な運航によって、可能な最大限度の経済協力が実行されたと私は思っている。しかしこの輸送は全部ドイツ船によったもので、敵の厳重な警戒線を突破してこの輸送にあたった乗員の勇敢な行動については特筆すべき多くの話題が残っている。

こんにちこれを回想するとき、貧弱な軽武装をしただけのドイツ商船がよくも日独間の長期遠大距離の冒険輸送に成功したものであると感心せざるを得ない。

三　日本側在独者のベルリン会談

待ちかねた日本からの連絡使

欧州においては、独伊のエジプト作戦の敗退を契機にして、独伊側の情勢はしだいに傾きはじめ、昭和十八年にはいると、東方戦においてはセバトポール攻略に引続き前半は順調に進んでいたが、ついにスターリングラードの敗戦に終った。したがって予期せられたる中近東進出の挫折、北アからする米英の対伊作戦の強化、英本土からするドイツ工業施設の爆撃激化などと、つぎつぎに独伊側に不利な情勢がつづき、米英ソの包囲線が一歩一歩と独伊につめ寄る形勢は、すこしの間も楽観をゆるさない状況になってきた。

一方日本側においても、北はアリューシャン方面からのアメリカの反攻と、ガダルカナル、ニューギニアなどの南太平洋方面からの敵側の大反撃によって、日本側の進攻作戦は次第に防勢に転じてきている情勢に加えて、その軍需生産力が減退の傾向を示すという、まさに枢軸側の前途には憂慮すべき状況が予見されるようになった。

そこで日本の大本営は、この戦争の全局の実情に即した戦争指導の根本方針を、建直さなければならないと決意するようになったのである。

たとえば日ソの中立条約を活かして、ドイツを一時ソ連と和睦させて、日独伊三国の全力を合せて対米英戦に集中して行くというような方針に切換える可能の余地があるかどうか、あるいはまた長期戦となった場合に、独伊は、はたしてどの程度まで戦争持続が可能であるか、というような問題について、日本の陸海軍省は根本的に世界情勢の判断を立て直す必要に迫られるようになったことである。

そこで陸海軍から特別連絡使を派遣して欧州の実情を調査させるとともに、日本の実情を欧州に伝えるために、陸軍からは岡本少将、甲谷中佐を、海軍よりは小野田大佐を派遣することになり、一行はソ連からバルカン方面を経由して、昭和十八年四月上旬ドイツに到着したのであった。

私は一行の来独によって、昭和十五年末日本を離れて以来の国内の実情や、戦局の真相をはじめてくわしく知ることができ、使節団の派遣を決意するにいたった大本営の空気もわかって、情勢がいよいよ重大になったことを身近かに感じた。

さきに一行を派遣するという東京電報がきたとき、さっそく大島大使や陸海軍の武官とも相談して、一行に伝える欧州情勢の説明準備もできていたので、つぎのような問題について討議することになった。

一　チュニス地中海戦線の戦勢をどう見るか。
二　ドイツ潜水艦戦の経過と成果はどうか。
三　敵今後の戦争指導とその戦力をどう見るか。
四　ドイツの今後の戦争指導はどうあるべきか、その戦力と銃後の背景はどうか。
五　敵側第二戦線上陸の可能性と宣伝をどう考えるか。
六　現状におけるドイツとその与国の関係はどうか。
七　今後日本の戦争指導はどうあるべきか。

この会議はつぎの諸官が出席して、それぞれの分担にしたがって準備した資料にもとづき連日真剣な討議をかさね、総合判断の結論を得ようと努めた。

大使館側　大島大使ほか館員数氏
陸軍側　小松陸軍少将、西陸軍中佐
海軍側　野村海軍中将（著者）、阿部海軍少将、横井海軍少将、溪口海軍中佐
連絡使側　岡本陸軍少将、小野田海軍大佐、甲谷陸軍中佐
この会議での討議研究は、いずれも当面の実情にもとづいてなされたもので、その当時

の空気がよく現われ、欧州戦局の推移を知るうえにきわめて貴重な資料である。

つぎに各担当者の説明あるいは意見の要点を記述する。

チュニス地中海戦線の戦況

独伊のエジプト作戦が失敗したあと、独伊連合軍はチュニスに占拠して、英米のイタリア本土にたいする上陸を阻止する立場にあった。これにたいして英米軍は独伊の枢軸からまずイタリアを脱落させることを目標に、エジプト、アルゼリアの東西両方面から進撃してチュニスをおとしいれ、イタリア本土上陸の足場を固めようというのがこのチュニス作戦であった。枢軸側としては、さきに中近東やエジプト方面で敗退して明らかに独伊の前途には暗影がさしていた際であるから、チュニス戦局の向背が独伊にとってきわめて重大であったことはもちろんである。

そこで欧州情勢を判定する前提としてまずチュニス戦局を検討したが、担当者の判断はつぎのようなものであった。

▼陸軍側軍事委員の説明の要点

米英軍は、地中海の東西両方面の制空、制海権を握って、海上輸送と陸上輸送の両方から、兵力物資の安全輸送ができるのに反して、独伊は、地中海上の輸送途中で莫大な損害を受ける関係から、兵力、物資の後援がつづかず、兵力差においてドイツ軍十五万、イタリア軍十五万にたいし、敵側は約二倍である。とくに独伊側の航空兵力はガソリンの不足で活発な行動ができないため、ますます海上の輸送途上で叩かれることになって、兵力差は開くばかりである。

独伊側は、チュニス作戦が欧州本土の全戦局に及ぼす重大性を十分に確認して、できるだけながくチュニス方面に敵を引きつけておこうと、非常な努力を注いではいるが、ながらくは持たないと判断する。

▼野村海軍中将（著者）の説明

私とヨードル大本営作戦部長とで行った再三の会談から察するのに、ドイツとしてはつねに対ソ東方戦への執着と新攻撃の準備促進に最重点をおいている関係から、チュニス戦線にも力を入れてはいるが、それにはおのずから限度があると思われる。

さきごろ、ゲーリング空軍長官、つづいてデーニッツ海軍長官が訪伊して、できるかぎりの措置はとられたが、戦勢はすでに手遅れの感がある。察するにドイツ側でもチュニスの陥落は時間の問題と見ているようであるし、またチュニスが落ちても欧州戦局が崩れるようなことはなく、決勝点は対ソ東方戦にあると考えているようである。

中近東へ進出した時の作戦においても、ドイツ海軍部は地中海からの進出が有利であると強調して、空軍の増勢を要望したが、最高統帥部は終始コウカサス突破の原案を変えず、空軍を他に転用することを一切許さなかったような状況であった。

地中海地域の大勢は、ロンメル作戦の敗退、マルタ占領計画の放棄、イタリア海軍の不振などのために、早くから不利の情勢にあったので、チュニスの戦局も大勢には抗し難いものと判断している。とくに地中海全域の作戦において米英側を有利に導いたのは、ドイツにまさる優秀な電波兵器が出現したことである。

ドイツの潜水艦作戦

「潜水艦戦によって、敵側の輸送船腹を減殺すれば、米英を屈伏させることができる」とドイツ海軍部がつねに強調していたように、その戦果は一時イギリスを非常な窮地に追い込んだほど顕著なものであったが、英米側に優秀な電波兵器が活用されるようになって、その効果は急速に減退して、ドイツの海上作戦の根本を揺がすような結果となった。その経過はつぎの説明によってよく了解されると思う。

▼海軍側軍事委員の説明

一　主としてドイツ潜水艦の攻撃によって、昭和十七年末（一九四二年末）までに受けた英米側船舶の損耗は二三四〇万トンであって、平均損耗率各月約八〇万トンである。毎月一〇〇万トンに達したなら、英米の反抗作戦は不可能となると判断されていた。

二　ところが最近数ヵ月以来、敵側電波兵器の活躍のため、ドイツ潜水艦の撃沈される数が急に増して、敵船腹の撃沈数が減ってきた。ドイツ海軍は目下その対策に没頭中である。

三　英米側の船舶保有量およびその輸送状況はつぎのように推定されている。

(1)　一九四二年一月一日現在　三三六〇万トン（一〇〇〇トン以上のもの）

一九四二年十月には　二九九〇万トンに減少

現在一九四三年四月一日　三〇九三万トン

うち修理中のもの　二二五万トン

沿岸航行用のもの　四三〇万トン

特設巡洋艦、病院船等に使用のもの　一四〇万トン

差引き残り約二三〇〇万トンは軍隊、軍需品の輸送に当るもので、その使用区分はつぎのとおりと推定される。

海外への軍隊輸送用　二一〇万トン

タンカー用　四七〇万トン

貨物輸送用　一六三〇万トン

(2)　右貨物輸送用一六三〇万トンの運行状況

(イ)　英本国が北米、南米、アフリカ、豪州等から一般物資を輸入するために必要と

する船腹四七〇万トン

(ロ) 米国がカリブ海、南米、西部アフリカ等から一般物資を輸入するための必要船腹一六六万六千トン

(ハ) ソ連援助に要する船腹

太平洋、インド洋沿岸　六六万五千トン
英国から北氷洋経由　二〇万トン
米国から北氷洋経由　三〇万トン

計　一一六万五千トン

(3) その他外地作戦地にたいする輸送船腹

中近東方面へ　二一〇万トン
サイプラス、マルタ方面へ　一〇万トン
インド、セイロン方面へ　八〇万トン
米国から英本国アイスランド派遣軍用　四〇万トン
カリブ海方面部隊へ　一〇万トン
南西太平洋方面へ　三五万トン
ハワイ方面へ　二〇万トン
其の他海軍部隊へ　三〇万トン

チュニス方面部隊へ　五〇万トン
西アフリカ方面部隊へ　一〇万トン
計　五〇〇万トン
(4)　その他
インドへの貨物輸送　五〇万トン
大英帝国各地連絡輸送　一九〇万トン
アメリカから南西太平洋方面への
新派遣部隊に要する補給の増加分　一〇万トン
以上総計　一五一〇万トン
予備船腹　一〇〇万トン

四　チュニス地区で英米側の北アフリカ東西の両戦線が合流に成功した結果、エジプトおよび中近東方面への輸送が、アフリカ南端迂回の必要が緩和されたので、両方面から約一二〇万トンの船腹の余裕が推定されるし、電波兵器の出現で船舶の損耗が減少したことと合わせて、敵側の船腹は今後増強をつづけるであろう。

五　ドイツ海軍の調査による敵側の年間造船能力はつぎのとおりである。
アメリカ　一〇〇〇万トン
イギリス　一五〇万トン

カナダ　　　　　　　　　　八〇万トン

開戦以来一九四二年末までの敵側の新造船は合計一〇〇五万トンに達している。

またドイツ側の調査によれば、日独伊戦線において触雷、海難等による敵側の損耗トン数は、合計二三四〇万トンに達しているとのことであった。

今次大戦の大規模な消耗戦において、「トン数戦」をドイツ海軍が重視した理由がよくわかると思う。

▼ドイツ潜水艦の保有現状ならびに建造状況についての野村海軍中将（著者）の説明

一九四〇年一月四日フリッケ作戦部長の説明によれば

現に外洋に作戦中のもの　　　　　二二五隻

竣工して出動準備訓練中のもの　　一五〇隻

教育用　　　　　　　　　　　　　六〇隻

建造中で毎月平均竣工数（本年度）　二〇隻

同　　　　　　　　（来年度）　二五隻

とのことであった。

連合側の戦争指導とその戦力

一　戦争指導方針について

▼東京から派遣の連絡使一行の説明

開戦直後の東京の判断では、敵側はまず独伊をかたずけたのち、日本に来るものと考えられていたが、その後の東京の研究では、米国は欧州と東亜とを同時に併行して、作戦を進めて行く戦争指導の方針と判断している。敵側は最近の欧州および太平洋の戦局が、米英に有利に進展していると見ている証拠である。

▼大使館側の意見

(1)　アメリカが現に東亜と欧州の二方面に同時作戦を推進していることは事実であるが、そのなかでも当面の重点はまずドイツを叩き落し、ついで米英ソの連合をもって日本を降伏させようという方針と判断している。

(2)　昨年度のアメリカの進攻速度や作戦ぶりを見て、今年または来年を推断することは適当でないと思う。少くとも本年（一九四三年）は欧州第一主義をとるものと判断するのが適当と思う。その理由

(イ)　米英側戦力の飛躍的増強が実現していること。

(ロ)ドイツが対ソ戦を重視しなければならぬ本年および来年の、ドイツと米英間の戦力差はすでに大きく開き、この機に乗じてドイツを叩くことが有利であること。
(ハ)戦争の長期化はとくにイギリスに不利である。
(ニ)ドイツが米英の電波兵器にたいする措置を完成すれば、ふたたびドイツの潜水艦戦が活発化すること。
などから、欧州の情勢は短期決戦の方向に動いていると思う。今年から今年上半期にかけて、決戦に出てくるのではあるまいか。

日本にたいしては、アメリカとしてもただちに有効な手は無さそうに見えるが、アメリカは来年の総選挙目当てもあるので、早く有効な戦果をあげる方向に動くであろう。

▼連絡使一行の説明

(1) 米英の作戦は、大きく政略的効果をねらって、その効果のなるべく大きいところに攻撃を集中するという傾向が見受けられる。
(2) 武力戦には限度があり、ドイツは政略的包囲の態勢におちいりつつあると思う。東京でもっとも重視している点は、独ソ戦の見透しである。

二　敵側の戦力について

▼連絡使一行の説明

(1) アメリカ海軍力の現状

真珠湾で損傷した主力艦の修理もほとんど完成し、とくに航空母艦の増勢に力を入れている。その現状はつぎのとおりである。

主力艦一六隻(うち四隻修理中)

航空母艦一四隻(二隻から一四隻に増勢)

巡洋艦甲級一二隻、乙級三〇隻

駆逐艦二三五隻から四〇七隻に増勢

潜水艦一〇三隻から一七三隻に増勢

(2) アメリカ海軍の配備状況

南太平洋方面には、つねに優勢な空母を基幹として、これに主力艦以下を配した有力な艦隊が行動している。しかも敵の有力な陸上の航空基地と緊密に連繫して、まず航空兵力をもって日本艦隊の減殺を企図しているようである。

(3) アメリカ航空兵力の配備

アメリカ海軍機はハワイと南太平洋方面に一、三〇〇機、アラスカ、アリューシャン方面に六〇〇機を配備している。

アメリカ陸軍機は南太平洋、豪州方面の陸上基地から海軍航空部隊に協力して、海上の長距離爆撃に参加している。

アメリカはわが方の前進航空基地をつぎつぎと占領して、これを足場とした制空権下の進攻作戦をとってくるようである。

(4)　イギリス海軍の配備
欧州方面に主力を、インド洋方面には主力艦、空母以下の相当有力な部隊を配備している。

▼陸軍側軍事委員の説明

(1)　ソ連陸軍兵力（ドイツ陸軍の調査したもの）
狙撃師団　四二六師のうち　ドイツ軍正面に　三六五師
狙撃旅団　二四〇　同　二一五師
騎兵師団　三〇　同　二八師
戦車師団　一七〇　同　一六〇師

(2)　ソ連の空軍力
戦闘機　八二〇機　襲撃機　六三〇機
爆撃機　二五〇機　輸送機　五〇機

(3)　ソ連飛行機、戦車の毎月の損害状況
飛行機　一五〇〇機（米英からの輸入、月平均四〇〇機）
戦　車　二〇〇〇台（ソ連月産一三〇〇台、米英からの輸入、月平均四〇〇台）

(4)

ソ連の人的資源

開戦前の総人口	一億七五六〇万
一九四三年四月現在	一億三八〇〇万
うち一七歳から五〇歳までの男子	四二〇〇万（うち二割病弱）
召集可能の人員数	三三六〇万
一七歳から六〇歳とすれば	三四六〇万
今日までの動員兵力	二五二〇万
うち現在の兵力	一三〇〇万
消耗した兵力	一二二〇万
内訳　捕虜	五一〇万（一九四二年夏まで）
戦死	四六〇万
負傷　再起不能	二五〇万
ドイツの占領地域内に残存するソ連人壮丁	三八〇万
ソ連の国内勤務に要する人員	
政治関係	二〇〇万
工業方面	七〇万
農業方面	三〇万

以上合計　三二〇〇万（以下は女子、子供、老人）
したがって一七歳から五〇歳までの動員余力　一六〇万（三三六〇と三二〇〇との差）
一七歳から六〇歳までの動員余力　二六〇万（三四六〇と三二〇〇との差）
ただし各年壮丁に達するもの一二〇万として計算している。

(5)　イギリス陸軍兵力（一九四二年現在）
歩兵　五〇師　戦車兵　一〇師
騎兵　一師　高射砲　一二師
以上は師団兵力として七〇師に相当する。

(6)　イギリス空軍兵力
空軍関係人員約五〇万と推定される。

(7)　米英軍の海外遠征人員（単位、万）
イギリス本国およびアイルランドへ、カナダから　一〇・九
同　アメリカから　二三・六
仏領北アフリカへ　六三・八
内訳、フランス兵ジロー部隊から　二二・五／イギリス兵　一七・五／アメリカ兵　三〇・八／その他　三・〇
ジブラルタルへ　イギリスから　二・〇

トリポリ方面へ　二一・四
内訳、ドゴール仏兵○・五／イギリス兵　一七・三／インド兵　一・六／土民兵○・二／その他　二・○
南東アフリカ、マダカスカル方面へ　四・五
内訳、ドゴール仏兵　一・四／南アフリカ兵　一・○／インド兵　一・○／アメリカ兵○・七
西アフリカ方面へ　二五・八
内訳、フランス兵ジロー部隊　九・五／ドゴール仏兵　二・○／イギリス兵一・○／アメリカ兵　二・七／土民兵　九・○／イギリス空軍　一・六
マルタ、キプロス方面へ　五・四五
内訳、イギリス兵二・七／アメリカ兵　○・七／土民兵　一・五／イギリス空軍　○・六
中東およびアデン方面へ　七八・四
内訳、ドゴール仏兵　三・四／イギリス兵　一四・一／ニュージーランド兵一・四／南アフリカ兵　三・三／アメリカ兵　九・四／土民兵　二二・○／その他　一一・八／イギリス空軍　一三・○

▼連絡使一行の説明

アメリカの戦力増強の状況

(1) 陸、海、空軍の増勢は昭和二十年ごろを頂点と思っていたが、充実が急速度に進展して本年末に頂点となる見込み。以後はやや下り坂となるであろう。

(2) 資源関係

製鉄　本年末までに八六〇〇万トンの見込み。ただしマンガンに制約されている。

ゴム　本年度需要七八・五万トンにたいし民需用を一五万トンに圧縮した。合成ゴムの造成に努力中。

石油　充足している。

アルミニューム　本年需要一二〇〇万トンにたいし現供給量は約一〇〇〇万トンである。

労働力　労務動員は本年最高に達し、これ以上の増加は困難と見られる。

ドイツの戦争指導とその戦力および国内事情

一　対ソ戦を主眼としての観察

▼陸軍側軍事委員の説明

(1) 対ソ戦指導の根本方針

本年度の対ソ戦の第一目標は、前二回の敗北の教訓を反省して、敵の野戦軍を撃滅することを明らかにし、第二目標は、ソ連を無力化するための要地（コーカサス油田地帯、レニングラード、モスクワ、スターリングラード等）の占領である。

(2) ソ連軍主力の所在について

一九四二年の夏秋を通じ、全兵力の三分の一をモスクワを中心とした北中部地方に配備していると判断している。

モスクワは首都として、また全工業力の半分を保有する要衝である。

(3) ドイツ軍の対ソ全線の兵力配備

北部前線二〇キロ間に一個師、モスクワ西方に一個師、レニングラード、スターリングラード間二〇〇〇キロの前線に一三〇個師、予備兵力二〇個師を前線に配している。

右のほか新編制の野戦部隊一六個師と新動員兵力四〇〇万からなる、合計六〇個師の第一予備兵力のほかに、四〇個師の第二予備兵力を合わせて合計一〇〇個師の総予備兵力を持っているので、ドイツの対ソ新兵力は相当強力なものであるとドイツ軍当局はいっている。

(4) 対ソ正面の戦車は一万台で、さらに戦車師団を倍加するため改編中である。

ドイツの過去二回の対ソ戦の失敗の理由は、ドイツ軍がソ軍の戦力を下算していた結果、常に劣勢をもって当ったことである。

また一九四一年冬のモスクワ戦の失敗は、後方輸送に周到を欠いたことと、例年より早く寒気が来襲したことが主因であった。

一九四二年冬の失敗は、与国軍の戦線が一挙に敗退したためである。

ドイツは過去の失敗にかんがみ、来るべき東方戦に国家の運命をかけて万全の準備をしている。独ソ両軍の総兵力は一一〇〇万である。

(5) ドイツの人的資源の限界、損害、および新規召集の状況

一九四一年度損害	東方戦で	三六〇万
	右以外で	七五万
一九四二年度新規召集		二五〇万
一九四二年度の損害		一五〇万
一九四三年度の新規召集		二二〇万
現有空軍および海軍兵力		二〇〇万
合計		一二五〇万
捕虜を労務者として使用中のもの		七五〇万
与国兵でドイツ軍と協同作戦中のもの		四〇個師

(6) ドイツの輸送力

毎日三二〇列車、各軍は一本ずつの輸送幹線を持つ。

毎日四個師、一ヵ月一二〇個師の輸送能力である。

毎月の貨車製造高約六〇〇〇台、うち二〇〇〇台は戦車輸送用である。

以上の輸送力から考えて対ソ戦線の南、中、北各方面軍とも約一五〇列車の割当で合計四五〇列車と見られる。

以上はドイツの対ソ戦を主眼としての兵力の配備、人的資源、軍用輸送力の現状を示す数字であるが、独ソ二〇〇〇キロの戦線の外に、まだ各方面に手が拡がっているので、人的資源の限界にきていると推定せられる。現状においての独ソのこの一戦は、文字通り最後の一戦で、残念ながら確信のもてるものとはいえなかった。

(7) ドイツの食糧事情

穀類　開戦前の需要額　　二五〇〇万トン
　　　現在の収穫量　　　二一五〇万トン
　　　不足分の補塡、フランスから　一五〇万トン
　　　　　　　ウクライナから　二〇〇万トン

今後の見透しとしては、現在フランスとウクライナを占領しているかぎり懸念はあるまい。第一次大戦の当時とは格段の差である。

肉類　開戦前の需要類　　三二〇万トン
　　　現在の収得量　　　二四〇万トン

現在一週の配給量

	基準量（グラム）	一九四二年十月	一九四三年四月（現在）
穀物	二二五〇	二〇〇〇	二二五〇
肉類	四〇〇	三〇〇	三五〇
油脂	二六九	二〇六	二〇六

(8)　ドイツの石油事情

年間継続的に作戦する場合の所要量は二〇〇〇万トンと推定される。ただし冬期東方戦が休止する場合は多少減額となる。

ドイツは開戦時七〇〇万トンの貯油を有し、一九四二年度においても五〇〇万トンの貯油があった。

しかし航空燃料は十分な余裕がない現状である。

(9)　ドイツの戦争資源

鉄鉱　ドイツ本国　二五〇〇万トン　占領地　一五〇〇万トン

一九四二年の製鉄量　三八〇〇万トン

（銑鉄　一六〇〇万トン　粗鉄　二二〇〇トン）

石炭　ドイツ本国および占領地を合せて　二億五〇〇〇万トン

ほかに褐炭　二億五〇〇〇万トン

右のうち年額イタリアへ一二〇〇万トン、スエーデンへ四〇〇万トン、スイスへ二〇〇万トンを供給している。

アルミニューム　一九四二年生産量　五〇万トン
（欧州全部の生産量）　一九四一年　五六万トン
一九四二年　八〇万トン

二　ドイツの国内事情

▼大使館側の説明

(1)　戦争の最高指導部

ヒットラーを最高とし、陸軍長官を兼ねている。以下左記の人々で最高指導部が組織されている。

サイツラー陸軍大将　野戦軍指揮官
カイテル元帥　大本営幕僚長
ゲーリング国家元帥　空軍長官
デーニッツ元帥　海軍長官
ヨードル陸軍大将　大本営作戦部長

(2)　戦時生産の最高指導部

ゲーリングの下に経済大臣、各軍の軍需関係の責任者が参画している。

(3)　ナチス党、軍、および国民感情

(イ)　内部崩壊の懸念

前大戦の時のような懸念はまずないであろう。

戦争の長期化、極度の総動員、戦死者の増大（一ヵ月に一〇〇万に達する大量の戦死者を出した場合もある）、敵爆撃の強化などから、国民のなかには相当の不平不満のあることは事実で、これはとくに前大戦の敗戦の体験を持つ中年以上に多く見られる。しかしこれをもってただちに内部崩壊に結びつけるほどでもないと思う。その理由は不平不満はナチス党人または警察軍にたいするものであって、ドイツ国民としてはまだ英米ソにたいする敵愾心《てきがいしん》を失ってはいないし、国内政治は党が指導にあたっているが、さればとて党に代ってだれを指導者に迎えるにしても実現性のないことである。ナチスは独裁といっても、民衆の負担を平等にすることには徹底していて、たとえば低物価政策、国民生活の保障、配給の公平等はきびしく実行しているし、また高位高官の人々が争って戦線に立つという実情であるから、内部崩壊を懸念するような兆候は目下のところないと見ている。

(ロ)　党と軍の問題

党と軍の間、とくに軍と警察軍の間には過去において摩擦が多かったが、往時僅かに一〇〇万に過ぎなかった軍は、今日では一〇〇〇万に達している。もちろん警察軍も増大しているが、ほとんど全部の男子が軍服を着ているような現状で、その中には多数の党員もふくまれ、党員たらずとも若年時代からナチスの教育を受けた者が大部分であるから、今日の党と軍の関係はナチス発足当時とは大いに趣きが違うのである。実際上ヒットラー総統の下に一元的に掌握されていると見るのが至当である。

日常の話題となるヒムラー麾下《きか》の警察軍（約三〇万）の行動についても、その任務は治安維持、占領地域の警備であるが、現状では陸軍部隊とともにほとんど野戦軍の一部となって、戦場では、あげて陸軍の指揮を受けている状況であるから、党と軍の関係も問題とする点はない。

(4) 現戦時下のドイツの生産管理

ドイツの一九三六年の生産四ヵ年拡充計画は、着手と同時に実質的には軍備の急速拡充計画に切換えられたのであった。そして一九四一年、スペアーが軍需大臣となってから、徹底した軍需生産の方式に転換され、長期戦に対する生産の拡充を主目標としたのである。すなわち、経済統制の強化、労務行政の合理化、外人労働者の極度利用、民需の制限、生産方式の合理化等であった。

たとえば工作機械のごときも、三千種類からのものを数十種類に規格統制を断行し、労務行政については、サウケルを労働大臣にして就労の合理化、外国人労働者の増加（現在八百万人に達している）など「戦時労働力補充法」を布いて徹底した労務動員をやっている。

フランスにたいしても絶えず労働者を送れ、熟練工を増せと強要していることが、フランス国民の対独感情を悪化した大きな原因といわれている。

八十三万からの中小企業を、十万に圧縮して労働力に転換し、十七歳から四十五歳までの婦人就労を実行し、外国人労働者をさらに四百万増加の計画中である。ドイツが占領地や与国から、思いのまま外国人労務者を導入するやり方は、イギリスやソ連ではできない点で、ドイツの軍需生産に大きな貢献をしている。

ドイツと欧州各国との関係

大使館側からの説明の要点はつぎのとおりであった。

一　イタリアとドイツとの関係

ドイツ人は一般にイタリア人には好意を持っているようであるが、敬意までは払っていないようである。

イタリア人側ではドイツ人に敬意は払っているようであるが、好きにはなれないように見える。

このような感情が相互に反映して、両国の間がしっくりいかないというのが実情である。

とくにドイツ側には、イタリアの今日までの戦争への寄与、または期待に不満と失望があらわれてきている。しかし戦局の現段階にいたって、万一イタリアが脱落することになれば、今後の戦争指導のうえに甚だ不利であることは明瞭であるので、ドイツとしてはあくまでイタリアをだいてゆくという腹は固めているようである。右のような空気の中にあって、今日までとにもかくにも独伊の間を結んできた大きな絆の一つは、ヒットラーとムソリーニの友情であるといい得る。ヒットラーの不振時代に大いにこれを助けたのは、ただ一人ムソリーニであった。したがってヒットラーはムソリーニの要望にたいしては額面どおり容れてやるのが常であった。もう一つ、両国を一連托生《いちれんたくしょう》の関係に追い込んだものは、戦時経済の結びつけである。イタリアとしては、軍需、民需ともにドイツにすがるよりほかはなかったのである。

このような関係において、もしこんどのチュニス作戦に失敗すれば、イタリアの脱落は時間の問題となるので、ドイツの首脳部がイタリアに往復して、万全の手を打っている現状である。

二　フランスとドイツの関係

一言にしていえば、今日までの独仏関係を律してきたものは、フランス軍が降伏した時に結ばれた休戦協定である。

しかし一九四〇年にこの休戦協定ができた当時は、この戦争がこれほど長くつづくとは思われなかったし、また現状のような独ソ戦も予想されていなかったので、今日となっては、休戦協定程度の規定ではドイツの要請に副《そ》いえないような事態となってきた。とくにドイツはこれを恒久的協定に改めようと努力しているが、フランス国内では対ソ戦でドイツが負けるのではないかという観測が強く、これに反独派の宣伝が手つだって、日ごとに両国の信頼を害するような事件が続発して、恒久的協定は不成立のまま今日にいたっている。

またこの間、独仏伊の三国間には機微な動きがある。たとえばイタリアの対仏態度として、チュニス、コルシカにたいする強い慾求があり、一方、フランスの残存艦隊にたいするドイツ側の思惑が、もし成功して独仏の緊密化が実現するようなことになれば、イタリアが置きざりになるという懸念から、独仏の友好関係ができかけると、イタリアが政治的サボタージュをやって、独仏関係に水をさすというような動きがたえず介在して、独仏の間が固まらない間に米英の北ア上陸となったのである。

そこでイタリアは「いわんことじゃない、早くチュニスをイタリアにくれておけば、こんな事態にはならなかった」と不平をいう。一方、フランス側の対独態度も、米英の北ア上陸以来腰が強くなって、フランス人労務者、食糧などの対独供給についてもなかなかドイツの要求に応ぜず、かえって捕虜の返還をドイツに迫るという状態になってきて、今日ではドイツもいままでの対仏政策は失敗であったと認めているようである。

ラバール内閣の成立は、元来、同氏が親独政治家であるうえに、日本の参戦と戦果によって、この戦争はおそらく三国枢軸側の勝利に終るのではないかという予測と、万一必要が起った場合には、同氏ならば和平斡旋にも一役買わせることもできるというドイツ側の考え方に同調して、同氏は出馬したもののようであった。

また、ペタン元帥にたいするドイツ側の見方は、煮ても焼いても食えない老人ということに一致しているようである。

したがってドイツとしては、フランスを占領してはいるものの、十分にこれを利用できないというのが現状である。

三　スペインとドイツの関係

スペイン内乱の時からの関係が続いて、英米側よりはドイツ側に有利であるということができる。

しかし独ソ戦の長期化以来、独伊に頼ろうとする空気はしだいにうすらいできていて、普通ならばドイツに頼るはずの食糧などもアメリカから入れるようになった。

ジブラルタルにたいするドイツの軍事的要求は、一時非常に強かったが、スペイン側が容易に腰をあげず、これを押切って決行するにはドイツも躊躇するというわけで、それ以来、スペインが一層ドイツに協調しなければならぬような客観情勢が生れないまま今日にいたっている。

フランコ将軍としてもでき得れば中立を守り、時機がきたら和平斡旋に出ようという考えのようであり、ドイツとしても無理な要求を出さないで、中立を守らせようという考え方である。

四　ポルトガルとスペインの関係

ポルトガルのサラサール首相は強硬な中立論者であって、この中立維持の考え方がポルトガル、スペイン協定の根本をなしている。

米英はサラサール首相をきらって暗殺の危険さえ伝えている。

したがって米英がポルトガルへ上陸する可能性はないとはいえない。かりに米英軍が上陸した場合、スペイン、ポルトガルの両国がこれに抗戦するかどうかはその時の情勢によるものと思われる。

五　トルコとドイツの関係

かつてドイツは、トルコを三国同盟に加えようと努力したが成功しなかった事実がある。

そこでソ連さえ叩き落せば、トルコの向背はおのずから定まる。それまではなるべく刺戟しないようにというのがドイツの対トルコ態度である。トルコのもっとも恐れるのはソ連である。そのために独ソ戦長期化の現状では、トルコがしだいに英米に傾きつつあることは事実である。

トルコとしてはあくまで中立維持を希望するが、ややもすれば英米に引きずられやすい。また万一英米が兵力を行使する場合でも、これにたいして抗戦することは避けるであろう。この点はスペインと違う態度と見られている。

六　ルーマニアとドイツの関係

ドイツのルーマニアにたいする最大の期待は石油である。一九四〇年ドイツの侵入以来、ルーマニア側も、事態ここにいたっては親独以外に方法なしと決意して、今日までドイツと行動をともにしてきたものである。

対ソ戦線の十字軍にも、他の与国よりはもっとも多くの軍隊を送ったほどであった。しかし、去る冬季戦で、ルーマニア軍の戦線がまっさきに潰乱したことがドイツ側敗北の主因となった。それ以来国内にやや動揺があるが、ドイツとしてはなんら不安を抱いていない。ただし、今年の対ソ新作戦では、ルーマニア軍は第一戦に出さず警備任務に当てるドイツ軍の計画と聞いている。

七　ハンガリアとドイツの関係

ハンガリアは、一九三九年、この戦争の勃発当初からドイツ側に立って、ルーマニア、チェコと対抗してきたが、その後、この両国もハンガリアと同じく枢軸側の与国になるようになってから、ハンガリアの優先権がうすらいで、ハンガリアの立場は機微になってきた。元来、ハンガリアとルーマニアの間には、解け難い国境問題がそのままになっていたのである。

これらのバルカン諸邦は、またそれぞれ対独および対伊の関係にもきわめて複雑なものを持っていて、あたかもフランスとドイツ、フランスとイタリアの関係のように、多角的な機微な点が多いが、バルカン方面の問題はドイツの決定するところにイタリアも追随している。

八　ブルガリアとドイツの関係

ドイツはブルガリアにたいしては終始絶大の援助を与えてきた。とくに一九四一年三月ドイツのバルカン進駐以来、ドイツはブルガリアをバルカン対策の前進基地として握ってきている。

九　フィンランドとドイツの関係

今日まで数回、フィンランドがソ連との単独講和をするであろうとの噂があった。これはアメリカの圧力によるもので、アメリカ公使館員の引揚げはこれを裏書するものである。

フィンランド首相の腹としては、かりにソ連と単独講和をしても、ソ連を信用するわけにはゆかないので、結局ドイツとともにソ連と戦う以外に方法なしと考えているようで、すくなくとも今年度の対ソ新作戦の結果を見るまでは、現状で進むものと判断している。

十　ノルウェーとドイツの関係

ノルウェーはながくイギリスに依存してきた国であるから、ドイツは一九四〇年四月、ノルウェーに進駐以来、同国の人心の把握には非常に困難しているようである。しかし、ノルウェーとしてもドイツから脱れようとしても手出しのできない状況にある。

十一　スエーデンとドイツの関係

これまでスエーデンの行なってきた南米交通にたいして、ドイツが保証を与えないということから、最近両国の関係が悪化してはいるが、両国間の経済交流も活発であるから、現状に変化が起るような懸念はない。

十二　スイスとドイツの関係

現在、経済的には絶対にドイツ依存であって、鉄などの重要資材も全部ドイツに仰いでいるので、スイスの全工場はドイツのために動いている状況である。

以上、ドイツと各国との関係を通観してわかるように、現在ドイツの与国と見られているものは、どれも小国ばかりであって、しかもドイツの侵入をうけて、その制圧の下にやむを得ず与国となっているのであるから、戦争の推移にはきわめて敏感である。

このように、独伊側はつねに政略的にはきわめて不利な立場で戦ってきているので「ソ連戦に勝つことが先決である。これに勝さえすれば、残る政略上の方策もひとりでに見出される」というドイツの考え方は、無理からぬものであるというのが、当時の私どもの見解であった。

また私どもは、東京からの連絡使一行とともに、以上のような資料をもとにして、連日連夜徹底した検討をつづけたのである。この研究は連絡使によって東京の判断が加わっているので、東亜および欧州の両正面を総合した全局判断の検討であって、討議の進行につれてきわめて深刻な意見が続出した。そしてこの会議に列席した各自めいめいの胸には、それぞれの将来の判断が刻み込まれたのであるが、それはめいめいにただすまでもなくなんぴとにも明るい見透しのものではなかった筈である。

四　潜艦U-511号とともに

ヒットラーついにスターリンを信用せず

前編でも述べたとおり、東京からの連絡使一行を迎えて、欧州戦局を中心とした世界情勢の検討に没頭していたとき、東京から重大な電報が来た。それは昭和十八年（一九四三年）四月二十九日、外務大臣から大使宛の次のような電報であった。

帝国内外の情勢および今後の戦争指導方針に関しては、連絡使一行より聴取ありたい。ついては貴大使とリッペントロップ外相との屢次《るじ》の会談経過から考え、また最近の欧州情勢にもかんがみ、

一　ドイツは依然として対ソ大攻勢を行う決意なるや、それはもとよりドイツ側において決定さるべきことであり、またその確信に待つべきものと思われるが、当方の判断

としては、今年は対ソ決戦、来年は対英米決戦、またはその反対のいずれを可とするや、あるいは東西両面の作戦を同時に決行すべきや否やは、ただちに全戦局の帰趨を決し、枢軸側の運命をわかつ重大事であって、真に慎重の考慮を要する。

この際、ドイツとしても英米側戦力の躍進増強を見逃すべきではない。ドイツの国力ならびに作戦の現状より判断するに、今年度は枢軸側の戦力をまず対英米すなわちチュニス、ジブラルタル方面に指向し、もって米英の反攻を封ずることを第一義とし、ついでソ連に対処するを可とせずや。

二　帝国は南太平洋に依然攻勢を持続し、ビルマその他において米英の反撃を随時破砕し、なし得る限り敵の海上輸送に対する攻撃を強化して独伊の作戦に協力する方針である。

以上に関し独伊側と隔意なき意見の交換を遂げられたい。本件の会談には陸海軍武官および連絡使を帯同されたい。

これを見て、私は、重大な戦局に直面して連絡使一行を特派された東京の苦衷《くちゅう》がまざまざとわかるような気がした。

今までも日独両海軍の間においては、敵の後方補給路に対する破壊戦の問題に関し、あるいは兵器資材の相互協力の問題についても、時に兵術思想の相違があり、また意見の食い違いがあるなど折衝の当事者にとっては、容易ならぬ苦労であったが、その間、お互に要求をつきつけ率直に意見を申入れつつ、ともかく今日まで、両海軍間の協調を保って来たのであるが、それはまたそれとして、今回のように日本政府の名において欧亜枢軸作戦の大方針に関する積極的な申入れをして来たことは、三国軍事協定の成立以来これがはじめてであった。

この電報に対する私の率直な所感は、ドイツ側に本電の申入れをするには、既にその時機を失しているということである。もし連絡使の到着が三、四ヵ月も早かったら、ドイツ側との交渉ももっと容易であったと思われるが、ドイツ側の戦争指導方針は、前編の連絡使との研究会談にも詳述したように、ドイツ大本営においては既に決定ずみのものである。今やドイツ自体の徹底的な総動員と、全欧州の与国を狩り立てて、総力を対ソ戦に投入するための諸準備に驀進《ばくしん》中で、真に全ドイツの運命をこの一戦に賭けている時であり、このためには地中海の戦線を一時放棄しても、まずソ連を叩き潰すことのみが勝利への道であるという、牢固《ろうこ》たる決意が既になされた後のことである。したがって、東京電の趣旨を申入れても、ドイツ側を翻意させることは不可能と思ったのである。

私は現にドイツが準備している対ソ戦の一六勝負が、いかにも重大であることを、かねてから心配していたので、独首脳部に対し、対ソ戦の泥沼に足を取られぬように度々警告して来た。また敵側の第二戦線の実現についてもドイツ側のいう如く単なる宣伝ではなく、その出現はむしろ近いと見るべき情勢にあった。もし、東で対ソ新攻勢を始めたところへ、西にも第二戦線が実現したら、ドイツは東西から一挙に挟撃されることになる。そこで、著者はドイツの新攻勢の計画が決定された後でも、日ソ間の中立関係を利用して、日本の斡旋により何とか東方戦の始まるまでに独ソ間に話合いの道がないものかと、ひそかに思案していたことである。また連絡使一行の話によれば、東京政府部内にも著者と同じような説が真面目に取り上げられているということでもあった。しかし問題は、既に申入れの時機を失していることと、また申入れをするにしても、慎重を期せなければならぬ。このような際に、東京来電があったのである。

そこで、著者はドイツ側が既定の対ソ決戦方針を変えることのないのは、もちろん想像に難くないが、少くともドイツ側の反応だけでも、打診して置きたいと考え、私単独の計らいで、ドイツ大本営参謀ブルックナー少将の来訪を乞い、次の申入れを切り出してみた。

『私はいよいよ近く貴国潜水艦に乗って日本に帰ることになっている。ついてはこの度の世界大戦を枢軸側の戦勝に導くには、枢軸三国がよく連繋してそれぞれの戦線で、敵を撃破し敵側の戦意を破砕して行く以外に方法はないと思うが、ドイツが第一次大戦の終期に失敗したと同じような両面作戦に、再び最後の運命を賭けることは日本としても大いに意見の存するところである。ついてはこの際、日ソ間に存在している中立関係を活かして、日本の斡旋により独ソ両軍の作戦領域を協定することとする。例えば、ソ軍は主として中近東方面に進出する。ドイツ軍はソ連領土より撤退して国境の防備につく。このような了解の下に、休戦またはでき得れば独ソの和平を実現し、その上でドイツは戦力を西方に指向することにしてはどうかと思う。これについて貴大本営首脳部の意見を承ることができれば甚だ好都合である。もちろんこれは私一個の考えにもとづくものである』

私の右の話題に対し、ブルックナー少将は幸に回答を約して辞去し、数日の後、次のような回答をよこした。

『貴下の意見を大本営の上司に報告したところ、ヒットラー総統から貴下に伝えてくれとのことであった。

それは日本の斡旋によってもし貴案のような独ソ間の協定が実現すれば、これに越したことはない。ドイツとしても、もとより望むところである。自分ヒットラーとしても、そのような場合について、いろいろ熟考して見たが、自分はスターリンとのいかなる約束も信用することはできない。ということである』うんぬん。

私はこれを聞いて万事休すと思った。私は軍事委員として欧州戦場にきて以来二年半の間、三国同盟の軍事折衝について出来る限りの手を尽して来た。ことにドイツにとって命取りである対ソ戦の経過が、日に日に最悪の事態に陥ってゆくのを見て、三国同盟を利用する独ソ間の調停に一縷《いちる》の望みをかけてきた。然るに、右のようなヒットラー総統の最後の言葉を伝えられて、私はドイツにおける私の活動も遂に終りを告げたことを知った。と同時に宿命的な独ソ決戦の意味するものについて不吉な予感を禁じ得ないのであった。

私はそれ以後、上述の東京電報に関する日独間の会談折衝にも加わらず、先き頃受けていた帰朝命令に従って帰国の準備にとりかかったのである。

ヒットラー総統からの私宛の言葉は私の忘れ得ない終生の思い出となった。独ソ戦は二人の独裁者、ヒットラーとスターリンの個人対決といった感じで、なおさら印象が深い。

ここで私はドイツの対ソ決戦に関連して、私とドイツ人ハック博士との会談の一節を紹介することが、読者にとって興味のあることと思う。

一九四二年末、私はある要件でスイスに旅行した。このときの同博士との会談である。ハック博士とは私は一九三〇年に、大使館付武官としてベルリンにいた頃からの旧知の間柄であるが、その後、同博士は親英米派であるとの理由で、当時のナチス政権に追われ、永くスイスに亡命していた。

私は軍事委員としてドイツに来てからも、同博士とは数回会って、戦局の将来について意見を叩いていたが、一九四二年末に会った時の同博士の話は、次のようなものであった。

『ドイツ国内の実情と、英米からの諸情報を総合して、今度の戦争もドイツの敗北に終ることは明白である。日本は東亜において既に全面的に戦争目的を達成して、有利な態勢を確保している。この際、独伊の前途に見切りをつけて、米英との間に単独講和を行う方向に進んではどうか』

そこで、私は、

『ご意見もっともではあるが、私の考えでは、独ソが開戦した時に、三国条約の拘束から日本が離脱しておったら、日本は貴見に副《そ》うような方向に進むと思う。しかし今日、もし枢軸側を裏切ることになれば、日本の国際信用は永遠に傷がつくことになる。ドイツと手を切るにも時機があるし、また大義名分が要ると思う。ドイツが再び第一次大戦の二の舞を演じて、欧州大陸に再度の両面作戦を準備しているこの際としては、ソ連と中立関係にある日本の立場をもって、独ソ間の死闘を喰い止めるなんらかの方法は見つからないものか、日本としてはドイツに対する信義上、まず第一に右のような努力を試みて、もし独ソ間の斡旋が見込みないとなった時には、貴見の通り手を打つことが考えられる。もちろんこれは私限りの意見ではあるが……』

と、語らい別れたのである。

ハック博士は私の帰国後も、当時スイスにあったアメリカの有力な某機関の責任者と連絡をとり、一九四三年末頃から日米講和の仲介に立って、スイス在勤中の藤村海軍武官を通し、東京に数回電報して来たことがあった。しかし、これはアメリカの謀略と見て日本では信用されなかった。私はその電報が来たころは、呉に勤務していたので、私の耳には入らなかったが、終戦後、右の某機関の責任者が、日本に調査にきて、あの時何故、日本政府はアメリカの呼びかけに応じなかったのかといっていたということが私の耳にも入った。ハック博士は、終戦後間も無く他界したとのことであった。

また私は、例の東京電報の来た十日前、すなわち四月十八日（一九四三年）に、ドイツ大本営を訪れて総軍参謀長ヨードル大将以下と会談した。

それは私の帰国の挨拶に行ったものであるが、先方でも帰国する私に托《たく》して、ドイツの戦局に対する判断と、決意を日本の大本営に伝えるという意味で、ヨードル大将自身から次のように詳細な説明があった。

あたかも東京電報の独ソ決戦の問題と関連があるのでここに載せることにした。この会談には日本側からは阿部海軍中将、小松陸軍少将、横井海軍少将、溪口海軍中佐、遠藤陸軍少佐らが、またドイツ側から、グロス海軍大将、ブルックナー海軍少将、フォス海軍少佐その他三名が同席した。

ヨードル大将の説明は次の通りであった。

一　東部戦線について

(1)　我方は昨年の攻勢で、コーカサスにおよぶ尨大な地域を占領したが、それに伴って戦線も延長し、やむを得ず与国の同盟軍でその間隙を補填してあった弱点に、敵の大兵力の集中攻撃を受けて戦線が崩れ、ロストフに退却する結果となったことは御承知の通りである。

スターリングラード崩潰の誘因となったルーマニア軍は、戦線が本国に近い間は勇敢であったが、遠ざかるに従って、戦意の衰えているところを一挙に衝かれたのであった。この冬季戦で、我方の失った戦力は五個軍（ルーマニア二軍、ハンガリア一軍、イタリア一軍、ドイツ一軍）におよぶ大損害であったが、ドイツとしては、当時東部戦線にあったドイツ軍兵力だけで敵の攻勢を喰い止め、敵味方とも重視しておったドネーツ地域を確保することができた。

(2) 兵器の損失はスターリングラードだけで、コウカサス方面の退却では大部分救出することが出来た。幸いに国内の生産力は現在最高に達しているので、兵器の補充はドイツ軍のみならず、同盟国に対しても十分である。また損失した五個軍に相当する兵力は着々補充して、既に半分は編成ずみ、残り半分もこの夏までに完了の予定である。

一方戦線が短縮したために、兵力密度はかつて見ない程度にまで濃密となったうえに、有力な予備兵力を後方に配してあるので、その戦力は昨年度に比して遥かに強大である。

(3) ソ連軍の最大の悩みは人的資源の欠乏である。その損耗は千六百万（戦死、捕虜、再役不能の重傷等千三百万、被占領地公役適齢者四百万）は確実で、動員可能比率（通常は総人口の一〇パーセント、最高はフィンランドの一六パーセント）を最大に見積っても、もはや千三百万を越えない。現に一九二六年生れをもほとんど全部徴集したような状況で、この悩みは極度に婦人労務者を徴用し、中国人労務者を輸送しても解決し得ない程である。

(4)　今後の作戦企図についてはいまだ説明する時機になっていないが、作戦目標は地域の獲得ではなく、敵に最大限の出血をさせてふたたび大規模の攻勢を採り得ないようにすることである。しかも彼我の戦力を比較して、右は断然可能であると判断している。その方法としては包囲戦、短期殲滅戦または防勢的消耗戦などが考えられる。

右の目的達成の時機は大体今夏から今冬にかけて予想している。

(5)　独ソ和平の如きは、独ソ両国が、広大な海洋で隔離されている場合に限って考えられる夢物語である。かりにわが方で希望しても、スターリンが講話を念頭に置いていないことは、あたかも蔣介石と同様である。ドイツとしては、主とする敵は英米であるが、そのためにはまずソ連の無力化に全力を集中する以外に道はない。

二　フィンランドおよびノルウェー方面について

フィンランド方面は平静であるから、最近ソ連はこの地域から相当の兵力を抜いている。米英はソ連のフィンランド進出を好まないし、またソ連としても、英米の進出をも好まないので、アメリカの仲介によるソ連とフィンランドとの単独講和も実現の可能性はない。

ノルウェー海岸には、強力なドイツ空軍が配してあるから、この方面からの上陸作戦には相当の損害を覚悟しなければならぬ。そのうえ四月以降は白夜のために、行動の秘匿が困難である点などから考えて、当分スカンジナビア半島に第二戦線を作ることは不可能と判断している。

三　フランス、ベルギー海岸方面について

ドイツ軍が仏地域から兵力を東方戦線に転進した時機は、ドイツにとって危機であったが、敵はこの好機を利用しなかったので、今ではフランス、ベルギー海岸は一連の要塞と化している。故にこの方面からの上陸には海岸要塞の攻撃準備と大損害をうける覚悟が必要であるが、英米にはその準備はできていない。ただしロリアン、ブレスト、サンナザレー等の潜水艦基地には、大規模の空中降下作戦で、基地の破壊を企図する程度のことはあるかもしれない。

四　イベリア半島について

(1)　ジブラルタルをまず占領し、ついでカサブランカ方面に上陸して、北アの英米軍の背後を断つことは、戦略上からは理想案であるが、これにはスペインの同意がなければ不可能である。スペインの意志に反して、これを強行するには、ドイツはスペイン軍三十五個師の撃破とポルトガルの占領および海岸防禦にドイツ軍三十個師を必要とするほか、ゲリラ戦に対する措置、スペインへの食糧、燃料油の供給を覚悟せねばならぬ。

(2) ポルトガルに革命が起って、純然たる親英米政府ができることはあり得る。その場合もし英米軍がポルトガルに上陸するようなことになれば、スペインは独伊側に立って参戦するであろうし、ジブラルタル攻略の好機であろう。

五　北ア、地中海方面について

(1) チュニス方面のわが方の陣地は、幅一六〇キロの一橋頭堡《きょうとうほ》に過ぎない状況となった。現在の兵力はドイツ軍が主体である。唯一の利点は戦線が縮少されたことであるが、不利の点は敵空軍の集中攻撃にさらされやすいことと、わが方に対抗しているイギリス第八軍の補給が西地中海から容易に実施されるようになったことである。

枢軸側としては極力チュニス方面を死守して、対岸のイタリア本土との間にシシリア海峡を制扼《せいやく》して、東西地中海を両断の状態に保つという方針は少しも変りはない。しかし根本の問題は補給如何にかかっているので、最近の海上輸送難の状況では、あるいはチュニスを放棄する最悪の事態になるかもしれぬ。

(2) シシリー島には、イタリア軍のほか、多数のドイツ軍も配備してある。またサルジニア島にも最近若干のドイツ軍を入れた。ドテカネス島には、イタリア軍の最精鋭部隊と若干のドイツ軍がある。またクレタ島の防備は至厳である。

(3) 最近、東地中海方面とくにギリシア方面に英米が上陸するという情報がとんでいるが、かような情報が飛ぶのは、敵にその企図のないことを裏書するもので、ギリシア海峡が敵側に自由に通れないかぎり、東地中海での大規模な作戦は絶対に不可能である。空中偵察の結果でもその兆候はない。

六 バルカン方面について

トルコはあくまで、中立を維持するものと思う。英米軍の大兵力がトルコに侵入することは、地形の関係からも不可能である。しかし、航空基地の獲得を目的とする程度のことはあるかもしれぬが、その対策はしてある。わがブルガリア兵はトルコ兵よりも優秀である。

バルカン方面には、漸次《ぜんじ》精鋭なドイツ軍部隊を増して防備を強化する方針である。

七 潜水艦戦について

潜水艦戦は東部対ソ作戦とともに、わが方の戦争指導上の二大眼目である。今後一層強化する方針である。

従来の難点は敵輸送船団の発見が思うようにいかなかったが、高速大遠距離の偵察機が最近完成して、六月ごろからいよいよ活躍することになるので、倍々成果は上るものと確信している。

ドイツは日本がさらに一層交通破壊戦に力を入れるよう切望する。

八　航空機の生産状況について

ドイツの航空機の生産は機種改変のため一時低下したが、現在は上昇中である。

目下、航空配備の第一重点は東部戦線においてある。ソ連の空軍と比較して、機種、機数、装備、訓練など、どの点でも絶対に優勢であるので、漸次地中海方面に兵力を割く余裕が出てくると思う。

九　英米間の戦争指導の食い違いについて

英米間には戦争指導の方針について意見の相違がある、たとえば、日独のどちらを先きに叩き落すかの問題は顕著な一例である。枢軸側としてはあらゆる手段をもって、敵側の戦争指導を攪乱《かくらん》し、英米の結束を破ることに努力せねばならぬ。


以上ヨードル大将の全般にわたる詳細な説明でよくわかるように、ドイツ大本営は対ソ決戦に不動の決意を固めて、あくまでこの決意を中心にして、その他のことが考えられているような時機に、東京電報が来たのであるが、手を施すなんらの余地もないのである。

著者は当時、ドイツ上下にみなぎる空気を見て、真に息づまるような切迫を感じたことを、今もまざまざと回想するのである。

寄贈の潜水艦東京へ回航

一九四三年三月三日、著者は東京から「潜水艦に乗ってかえれ」という電報をうけとった。もっともこの電報は著者のかねての願いに対し、許可を与えられた意味のものであった。

著者が寄贈潜水艦に乗艦して、帰朝したいという願いを東京に致したのは、元来、著者は潜水艦畑のものである。多数の同僚たちが、みな太平洋で潜水艦に乗って血みどろの戦争に出陣しているのに、いつまでもヨーロッパにおって、太平洋の戦いに加わり得ないことを、日ごろ遺憾としておったからである。

したがって、寄贈された潜水艦は小さいけれども、この艦に乗って欧州沿岸から大西洋、インド洋にかけて、ドイツ潜水艦戦の実情を視察体験して帰るということは、意義あることであり、同時に日本潜水艦の若い人たちに対しても、士気を鼓舞することでもある。またこの艦に乗って帰って、出来得れば自分の努力をもって、日本の潜水艦建造に役立たせたいという希望を持ったわけであった。

著者と一しょに帰ることとなった日本海軍軍人は、当時ドイツに駐在しておった杉田軍医中佐だけで、外にも一しょにかえしてもらいたいという人もあったが、小さい艦で多勢乗れないため二人に制限されたわけである。

著者が乗ってかえることになった寄贈艦二隻のうちの第一艦U‐511号は、ドイツの軍艦旗をかかげ、艦長以下乗組員はみなドイツの軍人であった。著者は客分のようなものであったが、ドイツ海軍では特別に優秀な人たちを人選したということであった。艦長はシュネーウィンド中尉（航海中、大尉に昇進）という当時廿七《にじゅうなな》歳の若冠《じゃっかん》ながら、非常に明敏なうえ努力家でもあり、乗組員からの信望もあつく、まことに名潜水艦長であった。

第二艦のU‐512号は日本の乗員で回航するということになったのでその出発は遅れる。それはドイツから著者が第一艦に乗って出発すると前後して、日本から受取りの艦長以下二十数名の乗員を、日本の大型潜水艦に乗せて出発することになった。したがって二隻目の潜水艦を受取る乗員がドイツに着くころには、著者は、もはやドイツにはいなかったわけである。

この回航員たちはドイツに着いてから、前記第二隻目の潜水艦に乗り込んで、艦の取扱い操縦をのみこみ、著者が日本に着いた後、ロリアンを出港したのであったが、この艦は不馴れな大西洋の戦場で爆撃を受けて沈没し、乗員とともになくなってしまった。二隻の寄贈を受けたというものの、実際日本に到達したのは、著者が乗って帰った最初の一艦だけであった。

私の乗艦は、五月十日にフランスの大西洋岸にあるドイツの潜水艦基地ロリアンから出発するということになり、著者がベルリンを発ったのは五月八日であった。ベルリン出発に先立つ約一週間、ドイツの大本営から大島大使を通して、野村中将をヒットラー総統がエンプファング（招待）するから、随員とともに大本営に来てもらいたいという案内があった。

そしてこれはおそらく私の一生を通して、あんなことは二度とあるまいと思うが、著者を迎えるため、特別列車が仕立てられた。一等車が一輛と食堂車一輛を連結した列車であった。それに著者が主賓で、大島大使、阿部中将、横井武官その他随員二、三人が乗って、ベルリンからノー・ストップで大本営所在地ベルヒテスガーデンに直行した。着くと、一番先に外務大臣リッペントロップ氏の招待があり、午後三時総統のところに参邸した。お茶の招待で、その席にはヒットラー総統とリッペントロップ外相、参謀総長カイテル元帥、ゲーリング空軍長官はやむを得ない事情で欠席するといって、記念の写真一葉を寄贈してよこした。ほかに軍事委員長グロス海軍大将、日本側からは大島大使と著者の両名であった。

お茶お菓子などの接待があって、お別れの壮行歓送とでもいったような、なごやかな歓談を交わした。戦局に関するいろいろの話が主として大島大使と主人側との間に交わされ、著者に対しては、戦争はいよいよ多難になるから、日本に帰られたら、皆さんによろしく伝えていただきたいとか、しっかりやってもらいたいとか、その他、潜水艦の多量生産の事などについて、断片的の話がかわされた。話の中途で、総統が席を立って行くので、何をするのかと思っていたら、勲章の入ったケースを手にして席に戻り、著者に手渡した。それは外国人に贈るドイツの勲章で、著者はこの当時は中将であったので、どの程度の勲章を渡すかがなかなかの問題であったらしい。あとでグロス海軍大将（軍事委員長）が語ったところによれば、もちろんこのことは、どこの国でもある一つの儀礼的なものには相違ないが「あれは問題であった。ムソリーニがもらった勲章と同じものであるが、貴下は在独の日本の軍人の最高の人であるから、ドイツとして最高の敬意を表して差上げた云々」といっておった。

その座の雑談のときヒットラー総統が「貴下はお歳はいくつですか」と問うから、著者は今年五十八歳だと答えたところ、彼は驚いた顔で五十八歳の提督があの小さい潜水艦に乗って大西洋、インド洋を渡って航海するということは、歴史あってからはじめてであり、また今後も恐らくはあるまいなどと語りあって総統邸を辞去したが、総統との談話中「自分はスターリンを信用せず」と野村中将に伝えよ、といったあの言葉を思い出さずにはいられなかった。その晩は、参謀総長カイテル元帥の晩餐に招かれ、歓談数刻、翌日また例の特別列車でベルリンに帰った。ベルリンでは、デーニッツ海軍長官その他各方面との会談お別れの招待などがあった。大島大使の壮行歓迎会も催された。

この間ドイツ側から二つの朗報があった。一つはデーニッツ海軍長官の著者に対する次の談話。

『貴下の離独に際し、私は次の事を貴下のお耳に達することをよろこびとする。ドイツ海軍は近くドイツ潜水艦をインド洋に進出せしめ、同海面において日本海軍と協同作戦するであろう。これは実に本日決定したことである。このドイツ海軍の決定を日本海軍にお伝え願いたい。U-511号が無事日本に到達し、艦を日本海軍に引渡した以後、その乗員は右のドイツ潜水艦に充てられるであろう云々』

朗報といえる他の一つは、五月六日、あたかも著者出発の二日前、参謀総長カイテル元帥がお別れの意味で著者を来訪し、かねて、日本海軍に久しい以前から譲渡を要望していた高速艇用のダイムラーベンツの三〇〇〇馬力の内火発動機を、貴下の東京日本海軍へのお土産として、差上げるという話であった。

こうして著者は五月八日、厳秘のうちに思い出の深いベルリンを後にして、フランスのロリアンにあるドイツ潜水艦の基地に向って旅立った。ベルリンからは、藤村海軍少佐と舟木書記、ほかにフランス駐在の細谷海軍武官がロリアンまで見送ってくれた。

ロリアンに着いたのは朝であった。街はいたるところ爆撃の被害を受けている。兵舎は地下にあって、私も地下室に入って朝食をとり、いろいろ航海中の注意や打合せなどをやっているうちに、たちまち時間がたって昼食をすませ、潜水艦の繋泊しているコンクリートブンカー（掩蓋内《えんがい》）のU‐511号潜水艦に乗り組んだのは午後一時前であった。ブンカー内の通路には、ドイツ海軍の軍楽隊が整列していて、著者らの乗艦にたいし、先《ま》ずドイツ国家、ついで日本の君が代の奏楽で迎えられた。

午後一時を合図に、潜水艦はブンカーの繋留を解き、静かに外方にすべり出し、軍楽隊の奏するなつかしい行進曲の調べが、ブンカーのなか一杯に高らかにこだました。こうした場面には私どもは海軍士官として慣れてはいるが、君が代が奏せられ、行進曲が鳴り、出港ラッパがひびき出すと、万感一時にこみ上げて、目がしらが急に熱くなるのをおぼえた。

艦橋に立って、離岸の指揮をとっているシュネーウィンド艦長の喊高《かんだか》い号令がひびく。艦上とブンカー通路との間には、送る人と送られる人とがたがいに感慨に打たれた面持で、帽子を振りながら別れをおしむ。そのうちに早くも艦は試験潜航を始めた。ここに見送りの人々との別れを終った。願くば独伊軍に幸あれかし、と決戦寸前の欧州に最後の別れをつげて私は艦内の人となった。

一旦浮上した潜水艦はただちに外海に向って行進を始め、向う二ヵ月半にわたる遠洋航海の第一歩を踏み出した。出港の当日は風波が高いので、したたか波をかぶり掃海水路を通り抜けて、敷設水雷の危険海面を過ぎたころには、空中の戦闘機の護衛もなくなっていた。愈々《いよいよ》単独の警戒航行となったわけである。なんとなく心細い気持に襲われ、狭隘《きょうあい》な艦内で艦外の状況に気を引かれながら、夕刻まで敵機の姿を見る度に、潜航しては浮上、浮上しては又潜航する。そして潜航の度毎に、近くにまた遠くに爆音とともに大きなショックをたびたび受けた。こんな毎日を繰り返しながらビスケー湾を横断してアゾレス群島付近を過ぎるまでの約十日間は、艦内におしこめられたきりであった。陸上に居住していたものが、いきなり小さな潜水艦に乗せられて艦内に入ったきり身動きも出来ない。居所は士官室のとなりの准士官などのいる区画にベッドを設けたもので、著者が下のベッド、杉田軍医が上のベッドだ。このベッドが昼間は腰掛になる。テーブルがあってそこに一日中へばりついて、この場所を離れるのは便所に行く時だけである。だから最初の一週間くらいというものは実に長かった。

ロリアンを出て行く時見送りの人たちも、これが果して無事日本にたどりつけるものかと半信半疑であったので、こちらも意地を出し、なあにと思って乗ったものの、小さい艦で動揺はひどく、これには相当こたえた。著者はこの時昔の志士達の事を思い出した。あの頃は天下の志士で獄舎につながれた人が少くなかった。南洲先生の如きは大島に流された時、いつも同じ場所に単座しておられたので、畳に穴があいたと聞いている。そういう気持でいればいいのだと思って頑張り続けた。

潜水艦の海上における在来の対敵行動は、昼間敵機の発見が遅れるとやられる危険があるが、夜間は安全に水上を航行することが出来た。ところがビスケー湾の十日間というものは、昼間は水上を見張り警戒しながら航行して、敵機を発見すれば、直に潜航して姿を水中にかくす。しかし、この頃は敵側の対潜水艦戦にレーダー兵器が有効に使われるようになった結果、日没より日出までは水面に姿を出すと、見張りのきかぬうちに敵機の近迫攻撃を受けるので夜中終始潜航していなければならぬ。そういうわけで、一時間の航海速力が三カイリを出ていない。そうして夜が明けると浮び上る。敵襲のたびに潜航する。これを一日中何度でも繰り返す。潜航しては近くに遠くにドスーン、ドスーンと爆雷の音とショックを受ける、というわけで、ビスケー湾を抜けて大西洋の洋心に出るまでの一、二週間というものが地獄の一丁目といったところであろう。第二隻目のU‐512号は大方この一丁目のあたりで不覚をとったのではあるまいかと思う。

しかし、ようやく無事アゾレス群島を後にして大西洋に抜けて出た時には、思わずやれやれと思った。それからは敵機の来襲も少くなって、日に一度か二度潜航する程度で、時には短時間艦上に出て太陽を見ることが許されるようになった。ただし、大西洋の航海中は不用意に電波を出し、本国または友軍などとの通信でもやろうものなら、たちまち敵側に探査され敵機の来襲を受けること必定ということで、一切の電波を出さないようにして南へ南へと下った。大西洋の洋心を南下中、突然北上する敵の船団に遭遇した。直ちに潜航して遠くから観測すると船団は飛行機、駆逐艦などが護衛している。私は艦長に対し襲撃行動をとるかと質《たず》ねたら、ああいう警戒の厳重な船団の襲撃は禁ぜられている、と答えた。これは著者が乗船しているから危険率の多い襲撃はやらぬように、といわれてあるからのことであった。

五月も二十日過ぎたころ、山本五十六連合艦隊司令長官が戦死したというベルリン放送を耳にして本当かと疑いたくなるほど驚くとともに、感慨久しきに及んだ。どうして戦死されたかということは一つも知らされなかった。これと前後して、地中海チュニス戦線の戦況とイタリア、シシリー島方面への連合軍の進出などが伝えられ、ただならぬ戦局の将来を案じつつ航海をつづけた。

そのうちまた一隻の汽船を発見した。潜航して近接したが、中立国の船であったので襲撃をやめた。だんだん南下するに従って、暑くなり夏服に着替えた。このころは敵機来襲の危険も少くなったが、しかし、それでも乗員が上甲板に出て太陽を見るのは、一日一度それも十分くらいのほかは許されなかった。このように艦長の対敵警戒心は厳重であった。これは優秀な潜水艦長であると思い、若年の将校ながら、著者は敬意と信頼をよせておった。

五月二十二、三日ごろ洋心でかねて用意してあったドイツ海軍の補給潜水艦と無事会同することができた。おりから風波のない静かな天気であったので、横づけして、目的地ペナン到達までの燃料と食糧とを満載してやれやれと思った。この付近を過ぎたころからは、ほとんど敵機の来襲はなくなった。乗員の上甲板に出ることも時間の制限が緩和された。

著者もどうやらゆっくり太陽に浴し、艦橋上に艦長と話をする機会も得られるようになった。

洋上補給を終ってから、赤道を通過したのが五月二十七日ごろであった。この日は日露戦争の日本海海戦記念日に相当するが、大西洋上のU-511号の艦上では赤道祭が挙行された。ネプチューンの神様が出て来て乗員の洗礼をやる。これで南半球に入ってよろしいというわけである。出港以来はじめて航海当直以外の乗員全部が甲板に出て洗礼を受け、まるはだかになってはしゃいだ。杉田軍医はその中に入って大いにやっていた。

赤道を通過して六月一日、アッツ島が陥落した、というベルリン放送を聞いた。この報道と同じころであったと思うが、艦の無線電信士が洋上結婚をやった。艦長が媒酌人《ばいしゃくにん》をつとめ電報する。奥さんはベルリンの教会にいて結婚式をあげるというわけだ。とても日本海軍では見られぬ風景だ。

六月十日ごろロリアンを発航してからちょうど一ヵ月目でアフリカの南端喜望峰の近海にさしかかった。近くを通るとイギリスの飛行機に発見される危険があるから、五〇〇マイルをへだてた南方を大迂回して、針路をインド洋に向けるのである。この近海はひどく波の高いところで、艦の速力は水上の航海ながら五ノット内外しか出ない。波の方向と風の方向とが違っているので有名である。これが喜望峰あたりの一つの特徴である。波は高い、速力は出ない、艦の動揺はひどい、五〇〇マイル洋上の大迂回でなかなか手間がかかる。少しずつマダガスカル島寄りのインド洋に艦首を向けるのである。ここでもまだベルリン放送はよくきこえていた。このあたりではめずらしい翼の長さ一メートルもあろうと思われるアルバートロスという海鳥が、時々艦上をかすめて去来するのを見た。

六月二十五日にはそれでも潜水艦は、すでにマダガスカル島をやや後方に見る付近にまで達した。この日また南下する一汽船に遭遇した。艦長は直ちに潜航を命じ衝撃行動に移った。近寄ってみると、たしかに連合国側の汽船であったので、魚雷を一本発射したところ、見事命中、汽船はあッという間に沈没した。乗員が数隻のボートに移乗して、難をのがれようとしているのが見えた。潜水艦は本来の航路に向って東に進んで行った。著者は艦長に対して、ボートに乗り移った生存者は、あれで助かって帰って行けるだろうかとたずねたところ、帆具や食糧などを用意しているから、結構近くのマダガスカル島にたどりつくでしょうとの答えであった。

インド洋に入ってからは、波が非常に高く横波で、艦の横の動揺がひどい。寝台に寝ていて、時にはベッドから放り出されることさえあった。万里の波濤を蹴るという話がある。著者は数回欧州への旅にインド洋を通過したが、いずれも二万トン以上の巨船であったから、早いとは感じても遅い感じはなかった。ところがこんどは七五〇トンの小さい潜水艦である。波が高いとひどく速力が落ちる。これでは一体いつ目的地につくことやらとしばしば思わされた。ところで七月一日になってもペナンまで三千マイルということで、まだだいぶあるなあと思った。

七月三日ごろであったと思う。ちょうどロリアンを発航してから五十四、五日たって洋上に一つの島を見た。これはロドリックという孤島で、それが発航以来はじめて見た陸地であった。これで艦の位置もはっきりしたわけである。

ロドリック島を過ぎて二日くらいたったころから、波の状況が比較的静かになった。そのため速力が平均一時間十カイリくらい出るようになり、どんどん走った。この日は天気のよい日であった。波も静かで、視界も広いところから、今日は大丈夫だということで、全員上甲板に出てよろしいとの許しが出た。みんなで数時間日光浴をした。それまではもちろん入浴することもない。暑い赤道付近の航海の汗で体はひどくよごれている。海底からうかびあがった全くの浦島太郎そのものであった。

そのような航海がつづくうちに七月十日の晩方、無燈のまま暗黒の中を航海している一隻の汽船を発見した。「敵船発見」の号令が艦内に鳴り渡った。艦内はシーンと静まり返る。艦橋からの艦長の号令が流れて来る。その時、艦内にいた著者に対し艦長からの使いが来て、艦橋にいらっしゃいということであったので、登って行ったら、艦長はこういった。ずーっと後をつけていますが、向うはジグザグ運動をやって航進している。それが無燈です。日本の船がこんなところに来てる情報はうけていない。確かに連合国の船に相違ありません。今晩は一つ水上からの魚雷攻撃をやります。ご覧下さいといい、やがて襲撃行動にうつった。

時余を費して敵船の側方に進出し、約千五百メートルの距離と思われるところから魚雷二本を発射した。魚雷は航跡を残して併進したが、しばらくしてドドーン‼ 同時に火柱が眼前一杯を掩《おお》うように立ち上って間もなく物凄い轟音が耳を衝いた。艦橋にいた者はほとんど同時に、思わず身体をかがめ顔を伏せた。その瞬間バラバラと鉄片らしいものが雨のように側方から衝撃した。この思いがけない大爆音にはさすがの著者もびっくり仰天してしまった。顔を伏せていなかったら、艦橋にいたほとんどすべての人はやられたか、傷つけられていたと思う。幸運であった。

この船は大量の火薬類を積んでいた連合国の輸送船であった。普通の貨物船であったら、魚雷爆発の水柱があがる丈《だ》けであるが、冲天《ちゅうてん》の火柱といい、破片が千メートルも離れたところに飛んで来た事から推測することが出来る。

インドを通しての対ソ援助の軍需物資の輸送が如何に活発に行われていたかを物語るものである。

インド洋を東に進むにつれて東京のラジオが聞かれるようになってうれしかった。こうして艦は七月十五日ペナンの港外に到達した。そして港外にあった日本の敷設艦初鷹に迎えられた。土井艦長の心遣いでボートで同艦に至り、二ヵ月半ぶりに入浴、日本食のご馳走に生気を取り戻した。安心したような気の抜けたような、なんともいえない気持で、のびのびと一晩グッスリ眠り、翌日またドイツ潜水艦に戻り七月十六日にペナンの桟橋に安着した。ロリアンを出港してから六十九日目であった。

早速東京とベルリンに電報を打った。するとベルリンから「安着を祝す」というドイツ海軍からの返電と同時に「野村中将に鉄十字章が贈られた」という知らせもきた。

ペナンでは駐屯の司令官平岡少将をはじめ同僚海軍将士の心からの歓迎を受けた。滞在数日の後東京海軍省から特派されたダグラス機で無事東京に帰着したのは七月二十四日であった。この二ヵ月の航海中に欧州の戦局は急変した。チュニスの敗退に続いてシシリー島の上陸など枢軸側の大きな凶報が伝えられた。チュニスの守りが到底持ちこたえられないだろうということは、ベルリンにおける連絡使一行との会談でも予想されたことではあったが、チュニス陥落後、イタリアに対する連合軍の攻勢が、これほど急速度に進展しようとは予想していなかった。枢軸側の情勢は実に重大といわなければならぬ。

このような情勢に直面して、おそらくは東京でも著者の報告を待っているだろうし、私としても一日も早く東京に帰って、欧州の実情を伝え、必要な対策を進言したいと考え、まず全戦局の将来に対する私の見透しとして、当時次のような判断を持った。すなわち、

一　ドイツと同じく東京でも、恐らくは戦局の将来に対する人心の不安が嵩《こう》じているであろう。

二　ドイツは来るべき夏秋を期して、人的物的の総力を挙げてソ軍との最後的決戦を行

うであろう。

三　伝えられる米英軍の欧州西部に対する第二戦線の上陸が実現すれば、ドイツは第一次世界大戦の時と同様に、両面作戦に直面することになる。

この二正面大陸戦でドイツが早期に屈伏する可能性と、第一次大戦の末期のように長期戦化する場合との二つが考えられる。後者の場合には、長期抗戦の中から講和への道が開けることも予期されるが、いずれにしても、欧州の戦局が直ちに日本に響く情勢となって来た。

四　日本に対する米軍の進攻作戦には、中国大陸に大空軍を派遣する戦略爆撃と、太平洋の正面から進攻する場合との二つの戦略が考えられるが、大空軍の大陸派遣は、欧州の戦勢が決定的段階に達したあとでなければ考えられぬことであろう。太平洋ではガダルカナル方面の攻防戦が現在進行中であるが、当分この情勢を持続するであろう。

以上のような判断で、もとより情勢はドイツ、日本にとり甚しく不利にはなって来ているが、日本が強靭な抗戦を続ける限り、その間には情勢に応じて講和の場面も開けるであろう。戦局が不利になればなるほど頑張らねばならぬ。そこで私の帰朝報告では、次のような点を特に強調したいと考えた。

一　ドイツの徹底した総力戦、総動員の実情についてである。ドイツは僅か二十年の間に、二回の世界大戦を経験して、その総力戦体制は実に科学的なものである。たとえば資材、労務、輸送、食糧、動力などの戦時管理は整然として実に能率的なものであった。

二　日本は拡充された総動員の基盤にたって、速かに国内の決戦態勢をかためねばならぬ。このためには、まず大本営の態勢の整備が第一である。ドイツは、ベルヒテスガーデンに大本営を移して統帥業務に専念している。わが国でも、日露戦争の時は広島に大本営を進められた。著者はドイツで耳にしたことであるが、東京では、陸海軍の間がうまくいっていないということだ。これでは決戦態勢の確率は望めない。これにはいずれかの地に大本営を移し、陛下の御親率《しんそつ》を仰ぐことが一番よいと考えた。これによって初めて上下一丸となって戦争に当ることが出来ると思った。

三　国民戦意の昂揚について

著者は前節にも述べたように、離独の数ヵ月前、ドイツ大本営海軍幕僚ブルックナー少将の求めに応じて、一九四三年度のドイツの作戦方針について私見を述べた。この際ドイツにとってもっとも大切なことは、国民の戦意、士気の昂揚であると強く指摘したのであるが、イタリアの現状にも鑑《かんが》み、これが一層必要になって来た。古来兵戦においては前線の兵軍はもちろんのこと、背後の国民が、もうだめだと思うようになったら、その時は戦争の勝敗がきまると訓えられて来た。戦いが不利な時、特に心すべきことである。

四　電波兵器の促進と潜水艦の量産についてである。なんとしても電波兵器の改善充実を急ぐとともに、潜水艦戦の積極化を計らねばならぬ。

などが、航海中絶えず著者の脳裏を往来した重要問題であった。

東京に帰って

著者はドイツの対ソ決戦が目前に迫って、総動員の渦がわきかえるベルリンを発ち、また潜水艦の長い旅路を終え、さて東京に帰りついて驚いたことは、これほどの大戦争に直面している日本の有様が、余りにもドイツのそれと比較してかけ離れていることであった。

例えば、戦争が勝敗の岐路にさしかかっているこの重大な時機に、若い学生達がぞろぞろと夜の銀ブラをやっているのが目をひいた。ドイツ滞在中著者の耳に入ったアメリカの情報では、アメリカでも一切の適齢学生が真珠湾攻撃の直後から、主に飛行訓練に動員されているということであった。また、戦時生産が思うように伸びないために、航空機々材の奪い合いで、陸海軍の仲がうまくいっていないという話などは、最も著者の胸にひびくものであった。

著者は昭和十八年七月二十四日東京に帰着して、早速海軍省に任務報告を終って後十月二十日、呉鎮守府長官として赴任するまでの三ヵ月の間、陸軍省を始め各省、貴衆両院などで、欧州戦局の現状を前節所述の潜水艦航海中の思策の線で講演して回った。ある時は特に求められて日本の総動員がどうしてもうまくいかぬが、ドイツの状況はどうあるか、詳しく話せということで、各省の勅任官以上に講演したこともあった。その間に、天皇陛下に欧州戦局について御進講申上げたこともあった。

今一つ読者に紹介して置きたいことは、独ソ和平の問題について、枢密顧問官から質問のあったことである。これは私とドイツ首脳部との会談や、東京来電の問題で前節来たびたび触れてきた問題であるが、ある日、枢密院に招かれて欧州戦局の説明をした時に、独ソの和平を日本が斡旋する場合の可能性について質問があった。

そこで私は前説したように、ブルックナー少将を介して、私にもたらされたヒットラー総統の言葉や離独直前にドイツ大本営を訪問した際のヨードル作戦部長の説明などを紹介して「私としては、今直ちにその可能性はないと思うが、暫らく欧州戦局、特に独ソ戦の推移を見まもり、時機の到来を待つ外なかろう」と答えたのである。

日本の決戦態勢の実情

著者は日米開戦の一年前から昭和十八年七月帰国するまでの二年半の間、主としてドイツにあって、三国同盟の軍事委員として処理してきたことは既に大概記述したつもりである。

その間独伊をめぐる欧州戦局の変転の推移、そして遂に世界史の転換を決定づけた独ソの宿命的な決戦がまさに始まろうとするまでの全経過の間に介在して、微力ながら日本側の首席軍事委員として往来した。そして折衝に当って、身近に体験し見聞したことは著者の尽きない数々の思い出であるし、多くの貴重な教訓を忘れることが出来ない。著者はこのような欧州戦場の渦から帰国してまもなく、呉鎮守府長官に就任したのを始めとして、その後海軍大臣に、また横須賀鎮守府長官に、あるいは輸送船団護衛の総指揮官として、さらに日本の全船舶の海上輸送の総指揮官として祖国の戦場で従軍することができた。と同時に、ドイツの決戦態勢と比較していろいろの所感を抱いた。

東条内閣の末期に嶋田海相に代って海軍大臣に就任したことについても、ここに一言することが当時決戦を前にした政府、大本営の空気の一端を知る上に読者の参考になると思う。著者は就任にさきだち東条総理を訪ねて、二、三の就任条件の了解を求めたのである。そのうち著者は東条総理に対し「欧州戦場から帰った私の所感として、わが国の戦争指導は事毎に後手を重ねているように思う。それには、強力簡素な常設の戦争指導会議の設置が緊急事である。これに対する首相の意向をまず承知したい」と念を押したところ、首相は他の条件と共に全幅これに賛意を表したので、著者も大臣就任の腹を決めたのであった。

この時欧州ではイタリアが降伏脱落して、ドイツは文字通り東西からの二正面作戦に直面し、最後の決戦を強いられている状況であった。一方太平洋でもサイパンが陥落して日米の決戦が近づきつつあったのである。そこで私の当時の考え方としては、欧亜枢軸の協同もさることながら、事態がここまで来た以上は、もはや日本は日本、ドイツはドイツで、死ぬか生きるかのこの決戦を如何に切り開いて行くかを考えるべき時機に来ている。故に一日の政局の不安は一日の戦備に影響し、この決戦段階での内閣の更迭は避けるのが当然であると考えた。他の交戦各国の実情に照してみても、徒らに内閣の更迭は敗戦への第一歩を意味する外の何物でもないからである。東条総理については私も帰国後、すくなからず非難の声を耳にしているが、その実行力は高く買わるべきである。戦時下果断を要することの多い、特に戦争指導の面において然りである。一身の利害など顧るときではない。粉骨砕心して戦局の前途に備えなければならぬというのが著者の心情であった。

東条首相は、戦争指導会議を中心とする決戦態勢の建直しについての私との約束にそって、積極的な活動を始め、まず重臣層の協力実現に向って動いた。その時東条首相は私に対し、戦局重大の際、内閣の更迭を避けて戦争指導会議の強化を実現するため、ぜひとも米内大将に入閣を懇請してくれとの申入れがあった。そこで私は夜半米内大将に面接して、会談数刻に及んだのである。

私は海軍大臣就任の心境とともに戦局の将来を述べて、米内大将が一切の感情を去って戦争指導会議に加わり、救国の廟議に参加されるようにと懇請これ努めた。これに対する米内大将の返答は「自分は東条首相を信頼することが出来ない。貴下の意見は正しいが、東京の事情は突如上京した貴下の想像以上であって、自分としてはせっかくではあるが、東条内閣に顔を並べることは出来ない。自分の率直な意見をいえば、内閣の現状を以て進むなら、自分と末次大将を現役に復して、自分は海軍大臣を補佐し、末次大将は軍令部総長を補佐することにして、まず海軍自体の決戦態勢を強化することが望ましい」ということであった。

　これに対し、私は「海軍の人事建直しについては若干の時日の余裕を頂きたい。私は永い間東京を離れ、このほど上京したばかりであるから、複雑な東京および海軍部内の事情に通ぜず、差し当り軍令部総長には嶋田大将をその儘《まま》とし、海軍次官も事情に精通している岡中将の起用をそのままとして、追って熟慮の上、陣容の建直しを考えることにしたい旨を語った。そこで東条総理に米内大将には入閣の意志のないことを伝えたところ、数時間の後、東条氏は内閣総辞職を決意したのであった。私としては、この際、当時予備役であった米内大将を現役に復するため、海軍部内はもちろん陸軍との間にも円満に了解を得、周到な段取りを運んで、米内大将の現役復帰を実現した上で、海相のバトンを渡すことにしたいと決意したのである。

　このようにして、私は海相の位置を去ったのであるが、その時、永野元帥は私に対し

「貴下の海相在任は短時日であったが、時局極めて重大の際、貴下の海相就任があったればこそ、海軍部内の妙な空気を世間にさらけ出さずにすんだのである。日本海軍の伝統のために、貴下のとられた態度と隠れた辛苦は他日必ずや世間の認めるところであり、普通の大臣の一年以上にも相当するものである」といって大いに励まされたのを記憶している。以来十余年の間、これらのことを一切口外したことはなかったが、ドイツから帰国して、感じたことの一つとして、当時決戦を眼前に見ながら、政府や軍部内にも結束をみだるような空気の潜んでいることを熟知していた。戦いがうまくゆかないと、どこの国でもよくあることには相違ないが、そのよって来るところは、多くは戦時大本営の所在、編制を筆頭とする戦時態勢の欠如から招来されるものが多い。政変後の太平洋の戦局は、圧倒的に優勢な米海空軍の戦力、特に優秀な電波兵器と物量にものいわせて、日本の前進航空基地を片端から占領しながら、破竹の勢いで日本の本土に迫りつつあったのである。

アメリカの対日攻勢については、著者が欧州で入手した情報では、一九四二年ごろ米英側攻撃の重点が北アとスエズ方面に指向されていた。当時、アメリカはその有力な空軍を中国本土に送り、中国から日本本土を爆撃することをもって、対日攻勢の一歩を踏み出すであろうと伝えられていた。

その後、電波兵器の成果に自信を得たアメリカは、一九四三年（昭和十八年）に入って、その作戦方針を太平洋の中央突破に決したと、明らかに判断されるようになったのは、私が帰国してすぐのことであった。日本からの連絡使一行を交えた研究でも、アメリカは欧州の決戦と太平洋の決戦を併行してやるかどうかの判断については、必ずしも意見は一致していなかったのである。それが電波兵器の威力に確信がついてからは、欧州でも、太平洋でも、米英の作戦方針は非常に大胆になり、そのうえ進撃の加速度を増して太平洋正面の中央突破となって来たのである。

もちろんその間、日本の連合艦隊がしばしばアメリカの海空兵力と死力をつくして力戦したことは周知の通りである。しかし、わが方にはまだ優秀な電波兵器が普及せず、さらに不幸なことには、日本の暗号機械がアメリカの手に渡っていたことや、日本の学生動員が遅れて、私が帰国してからようやく実施されたような状況であった。このため航空搭乗員の養成の手遅れ、訓練の不足などから、事毎にアメリカに機先を制された。さらにまた占領地からの石油、ボーキサイトなどの原料資材。食糧の輸送護衛の面でも、フィリピンの基地がアメリカの手に落ちてからは、飛行機、潜水艦の挟撃をうけてわが方の輸送船団の被害が激増、内地の軍需生産はがた落ちになり、戦局は遂に最悪の事態に追いこまれたのである。

太平洋戦の推移については、すぐに多くの戦記が刊行されており、私の著述の目的とする「欧州戦局との関連における太平洋戦」の範囲を逸脱することを避けたい意味からも、太平洋戦の詳細は割愛することとする。

しかし、ぜひとも言及したいことがある。それは電波兵器の威力についてのわが国関係者の認識の問題である。欧州戦場での米英の電波兵器の利用態度は、海洋作戦に攻撃的に使用することを主眼として、兵器の構造、取扱いの難易、配員の練成が考えられていたようである。ドイツ側では陸上の防空戦に、また海上の潜水艦戦に利用されていたが、いずれも防禦的な利用方式であった。ドイツの防空レーダーは米英の飛行機群が英本土の上空に飛び上った瞬間から、ベルリンまたはその他に爆撃を終るまで、終始これを捕捉していた程の進歩であった。米英側は攻撃的使用の見地で、ひろく艦船に普及される程に、兵器の改良と取扱いの練度が向上していたので、ドイツ側でも米英側兵器の優秀性を認めていた。私がドイツ潜水艦でビスケー湾を航海中、夜間は日没から日の出まで、連続水中に潜航していなければ、レーダー発見による敵飛行機の肉薄攻撃をのがれることが出来なかった。また昼間の水上航行の間も、相手のレーダーに容易に発見されるので、潜水艦からの飛行機の発見が寸秒でも遅れると、直ちに爆撃される状況であった。

米英側の兵器が欧州でこのような威力を発揮している以上、太平洋方面でも、同様であることはもちろん想像された。私は日本海軍の電波兵器の活用が、どの程度まで進展しているかを案じながら帰朝したのであった。ところが帰朝してみると、わが海軍の電波兵器はまだ実用の域に達していなかった。海軍省としても、軍波本部を作って最善の努力をしていたが、残念ながら急速な進歩がなかなか得られない状況であった。私も海上護衛の総指揮として、取扱い練度の向上に全力を傾注した。そして護衛部隊中に約二十名ほどの熟練者を養成して、敵潜水艦の捕捉撃沈に段々成果が上りかけたころ、アメリカの航空攻撃が沖縄、台湾沖に連続出現するようになって、連合艦隊の電波兵が不足となったため、われわれの養成した護衛部隊所属の偵察機と電波兵を全部連合艦隊に提供した。その後は熟練者の補充も思うようにはかどらず、敵潜水艦によるわが輸送船団の被害が激増して行った。

これは要するにわが海軍の電波兵器に対する認識のズレがこの結果を招いたのである。私が昭和十六年のはじめに陸海軍の視察団に加わり、ドイツ海軍を視察した際、電波兵器が既に艦船に装備されている実情を見て、本国の注意を喚起するとともに、相当の技術官も急遽帰国した程であった。したがって、わが海軍でも、根本的な電波兵器対策が講ぜられているものと思っていたところ、その遅々とした実情に驚き、海軍省にも再三警告したのであった。日本海軍の電波兵器をめぐる用兵、作戦、兵器行政、制度などについて、私には今もって解けない不審の点が多い。もしこの問題について詮索してゆけば、戦史上の不明の謎が解けると思う。

潜艦U - 511号の運命

潜艦U - 511号がロリアンの潜水艦基地を出港してから、途中どこへも寄らずペナンに入港したのは七十六日目であった。ペナンには当時日本海軍の前進基地があった。ペナンまでの全航程は約一万二千カイリで、地球の赤道を約半周した距離にあたる。U - 511号の最終の目的地である呉軍港までは、まだ三千六百カイリもある。その間のボルネオ海や南支那海には、米英側が敷設した機械水雷の危険海面があるので、U - 511号にとってはまだまだ油断はできなかった。

私はペナンに上陸して、U - 511号に別れをつげたとき、シュネーウィンド艦長に乗艦中の厚いもてなしを感謝して「東洋には百里を行くものは九十里を半とす、ということわざがある。どうぞこのうえとも用心をして、無事に呉軍港へ到着するようひたすら武運の長久を祈る」と述べ、かたい握手をかわしたのであった。ほおひげを伸ばしほうだい伸ばした水兵や、機関室から飛びだしてきた油まみれの機関兵などが、帽子をふって別れを惜しんでくれた情景はいまも忘れることができない。

U - 511号がその後ペナンを出て、南支那海、ボルネオ海の危険水域を無事に乗りきり、南西太平洋を北上して呉軍港に安着したのは、昭和十八年八月中旬であった。総航程一万六千カイリ、万里の波浪を越え長途の戦闘航海に耐えて、ヒットラー総統特旨のプレゼントをつつがなく日本に送りとどけた殊勲は、実に天晴れなものであった。

呉入港の際は、当時の鎮守府司令長官故南雲忠一中将（後大将）以下将兵の心からの歓迎歓待を受けた。のちに艦長シュネーウィンド大尉は、上京して海軍大臣、軍令部総長以下日本海軍首脳の特別の歓待を受け、叙勲の御沙汰を拝し、ドイツ海軍将校として大いに面目をほどこした。

その後、呉軍港で日本海軍への艦の引渡しもとどこおりなく終り、九月末には乗員の交代もすんで、U-511号の寄贈回航という日独海軍間の歴史的行事は完了したのである。

そのころ日本海軍の好意で、ドイツ海軍将兵のために、箱根付近に内密の休養所が設けられてあった。それはドイツ本国から、日本向けの兵器、軍需品の輸送に当っていた、ドイツ運送船の乗員や、インド洋方面の敵の海上輸送路破壊作戦に従事していた、ドイツ特設巡洋艦の乗員などの休養にあてるためのものであった。U-511号の乗員も、艦の引渡しを終ってから、しばらくこの休養所で待機していたが、前にも書いたとおり、私の離独直前、デーニッツ海軍長官から話のあったように、U-511号の乗員は、インド洋方面に進出して日本海軍と協同作戦にあたるドイツ潜水艦部隊の乗員補充にあてられ、かわるがわるインド洋方面の作戦に従軍して、終戦になるまで奮闘をつづけていた。

艦長シュネーウィンド大尉は、その後某潜水艦の艦長に転任して、ちょうどアメリカ軍の沖縄島進出のころ、その方面に作戦中消息が絶えたとのことである。ヒトラー総統の特命を無事達成するために、ドイツ海軍から選抜された弱冠二十七歳の名潜水艦長として、部下の信望を一身にあつめ、例のレーダー探知網と監視飛行機群で、アリのはいでるすき間もないほど厳重に固められたビスケー海面の危険地域をみごとに乗りきった腕前は、まことに見あげたものであった。

日本側に引渡されたU-511号は、第101号潜水艦と命名され日本の軍艦旗をあげて、呉軍港内の工廠岸壁に繋留された。まず造艦技術上の調査をすることになり、福田造船中将を主任に、各部門の専門家をあつめ、私といっしょにU-511号で来朝したシュミット博士以下のドイツ側技術者も加わって、潜水艦建造についての一切の調査が進められた。数ヵ月をかけて綿密に調査した結果、日本の実情ともにらみ合わせてつぎのような結論となった。

一　U-511号と同一の潜水艦を、当時の日本の状況で量産建造することは、主として金属材料の不足と工作機械の不備のために不可能であることがわかった。

二　またこの型式の潜水艦は、水中速力が低いので、レーダー兵器が威力を発揮しはじめた戦場の使用には不適である。潜水艦の被害が激増した主要な原因として、水中で速度のおそい点がはっきりと指摘されている現状においては、日独海軍ともに、もっと水中速力を増せるように艦型を変更することが必要である。

以上の理由からU‐511号と同一型式の潜水艦の多量建造に、すぐ着手することは適当でないということになった。しかし福田造船中将以下の調査によって、わが国の潜水艦建造技術の上に、つぎのような画期的功績を残したことは、特筆して世上に伝えておきたいと思う。

一 潜水艦の量産において、もっとも重要な技術は、電気熔接に関することであるが、さいわいその方面の最高の権威者であったシュミット博士の実地指導によって、日本海軍の得たところは甚大であった。すなわちU‐511号が到着するまでのわが国の技術では、潜水艦建造の一部分だけに電気熔接の技術を応用していたに過ぎなかったが、シュミット博士の指導を受けて以来、耐圧船殻《せんこく》(水圧に耐える船体部分)の建造までも、電気熔接を応用するようになった。

二 つぎに、空中からレーダー兵器で偵察発見する飛行機の対潜攻撃のほかに、水上艦艇は水中聴音器を用いて潜艦の発見と攻撃を行なっていたが、これから逃れるためには潜水艦内の各種機械の運転によって起る振動をできるかぎり少くして、一切の音響が艦外に伝わらないようにする必要があった。いわゆるこの防振防音の装置について、U‐511号の調査から学んだものは非常に大きかった。

この点でわが潜水艦の戦闘性能の向上は、画期的な成果をあげたのである。

三 各種の技術調査を終ったあと、U‐511号は潜水学校付属の練習潜水艦として、ドイッ潜水艦の実用性能の調査と、日本海軍の潜水艦乗員の養成に使われることになったが、この面でも多くの教訓が得られた。

日本海軍の潜水艦建造に貢献させようと、ヒットラー総統の発意によって寄贈され、ドイツ海軍首脳部が大きな期待をかけていたU-511号が、日本海軍の造艦技術と海上実用の両面に残した功績は、ヒ総統以下の期待した以上のものであったことを、私はこの問題の発端からの関係者としてかたく信じている。

その日独両海軍は、ともに水中高速潜水艦の量産に最善の努力をつづけたが、これらの新型潜水艦が戦場に現われるようになったのは、日独とも終戦に先立つ数ヵ月のことであって、ついにその威力を発揮する機会に恵まれずにしまった。

そして寄贈潜水艦として、すこしも心残りのないまでにその目的を果したU-511号は、昭和二十年八月の終戦直後、他の日本潜水艦とともに終戦処理に付され、土佐沖に沈められてしまったのである。

戦後になってからも、列強海軍の潜水艦の発達は実にめざましく、水中速力が増大したことはもちろんのこと、ついには誘導弾を搭載する原子力潜水艦の出現を見るにまでいたった。

原子兵器にたいする水上艦船自体の防禦が、非常に困難になってきた今後においては、原子力潜水艦が水中戦艦として、海上兵力の王座につくことも可能な予想でさえある。水中輸送船の出現もまた同様ではあるまいか。

ここに本書の稿をとじようとするとき、私は今次の大戦で、祖国のために殉じたわが国の海、陸、空の将兵同僚諸士、および盟邦の諸勇士、とくに在独二年有余の重要任務を終って本国に復命する私と、一万六千カイリ、七十余日の戦闘航海の苦難を共にし、その任を全うしてのちに、ついに名誉の戦死をとげたU‐511号艦長シュネーウィンド大尉以下の乗員諸士、ならびに寄贈潜水艦の第二艦U‐512号はじめ戦時中、日独両本国間渡洋の特別任務に従事して、U‐512号とおなじような運命をとげて戦没した多数のわが国潜水艦乗員同僚勇士の英霊にたいし、深い敬悼の念に胸のふさがるのを禁じえない。

むすび

私は以上節を重ねて、世界史転換の動機となった日独伊三国同盟の足跡と三国間の協同戦の経過について、日米開戦前からドイツにあって軍事委員として、直接当面した事項を記述してきた。

本書において指摘されるべき教訓に関しては、読者自らの推敲《すいこう》に委《ゆだ》ぬべきであるが、ここに一言私の所見を述べて結びの言葉とする。

一　私は今次の大戦の発端である欧州戦開戦十年前に、大使館付武官としてドイツに在任した。当時私は、たまたまベルリンに亡命中の旧ロシア海軍の某将官と知り合い、交友をかさねた。同将官は時々私を訪ね、帝政時代から革命に至る間の露都の変遷についてよく話した。

あるとき、彼はその談話の中に「第一次世界大戦の原因は日露戦争にある」と冒頭して、次のように語った。「日露戦争において世界の大国であったロシアが、極東の小国日本に敗れたということは、当時露都の大きな問題であった。そこで、政府は敗戦のよって来る政治、外交、軍事その他に関し、徹底的な調査研究を行うため、国防委員会を設けて、十年間にわたって調査した。その結果政治、軍事その他に一大改革を行なった。

その調査会は時々委員の交代があったが、自分もその一員に加わっていた。
しかしこの十年間の研究を通して、最後まで残された問題が一つあった。それは日本に敗けた大国ロシアの面目を如何にしてとり戻すかということであった。もちろん、このことに関しては委員会の報告という形のものは無かったが、委員会に流れていた一つの空気が存在していた。それはどうしても遠からぬ内に、もう一度欧州の強国と戦いを交え、これに勝つということ以外に方法がないということであった。この空気がサラエオの一発となって、ドイツを敵とする第一次大戦の発端となった心理的動因であった」

この筆法をもって論ずれば、第二次大戦の原因のうち、特に敗戦ドイツに対する戦勝国の処置が酷に失したという点、すなわちベルサイユ条約にその原因があったといい得る。

極東においては第一次大戦の結果、革命ロシアからの脅威が一時うすらいだ。当時の状況において、日英同盟が解消した後、困難な日中間の紛争解決のための日本の行き方が、親英米の方向から漸次敵とする方向に動くことになった。これももとをただせば、第一次大戦の結果にその源を発しているといい得る。

このようにみて来るとき、一つの戦争はまた次の戦争の原因をはらむ。今次の第二次大戦後の世界情勢を見る時、だれがまた第三次大戦がないといい得るものがあろう。もちろん世界人類共通の常識としては、ひたすら平和への道を希求してやまないことは事実である。しかし大観してみると、一九〇五年日露戦争以来の半世紀は、実に近世の戦国時代であるといい得る。

この戦国時代が原子力の実現によって、果してピリオドを打つか否かに現代人に課せられた一つの大きな課題がある。

敗戦の体験のなまなましい日本人は、戦争はこりごりであって、だれ一人として、戦争を好むものはない。しかし依然として「治にいて乱を忘れるな」といった世人の戒めを抹殺することの出来ないのが実に現実の世界である。四つの島に後退したわが国の国防観には大きな変化がもたらされた。孤立主義の経済が存立し得ないと同じく、孤立主義の国防はなおさら成り立たない。日本人は今日、概して孤立的傾向にありはせぬか。

本書において既述した通り、日独伊の協同戦はなかなか共同の実が挙《あが》らず、遂に三国が各個撃破される運命に終った。この際、日本人はややもすれば陥りやすい島国根性や派閥闘争を清算して、活眼を開き、友好を世界に求め、積極的に国際舞台に行動しなければならぬと思う。

第二次大戦の現実の世界は、依然として力の世界がはばをきかしていることを忘れることが出来ない。あるいは冷戦といい、平和攻勢といって、二つの世界は争い続けている。この両陣営の冷戦の間に介在しているのが、実にわが国の現実の姿である。このような世界情勢の下でいかにして、国土の安全を保って行くかというところに、わが国の国防の性格がある。それは自衛すると同時に孤立であってはならぬということである。

二　日本は今次の大戦を通して、特に科学の点に反省すべきであると思う。それは科学の発達の前には、地の利も、もはやその力と安全を維持することが出来なくなったということである。

明治維新の大業は西欧文化の東漸に促されて、三百年太平の夢を破った大和民族の一大革新運動であった。この運動が幸いに功を奏したのは、わが国が他の先進諸国から遠く極東に離れて地の利の恩恵に浴していたことが大きな原因であった。

日本は永い間科学の振興に対する力の入れ方を誤った。元来素質に恵まれ、また後進国としては異常な進歩を遂げたことは、事実であるが、先進諸国に及ばない幾多の点を反省し自覚することを忘れていた。その弊は今次敗戦の上に容赦なく現われた、連合国側、特にアメリカの卓越した科学技術と物量の前に、極東の地の利は完全に征服された。日本は維新以来、富国強兵、開国進取を国是として非常なる努力の結果、飛躍的な発展を遂げたが、しかし科学に政治を強く裏づけすることを怠っていた。このために科学の根が米英に比べて非常に浅かった。たとえば米英の如きは、開戦とともに平戦時の生産切換えが能率を下げずに容易に実施出来たが、日本の科学技術はまだ根が浅く、自立性が乏しいために、開戦後急に米英に引き離され、生産は落ち、新兵器はなかなか供給出来ないということになった。その適例は電波兵器のたちおくれで明らかである。日本の科学の深さと幅を見ることなく、単に外観に眩惑され、地の利に妄執して、誤った大陸政策の無理押しをしたのも、政治に科学性を欠いた結果であり、戦い敗れたのは軍事外交上の誤算や錯誤のほか、科学に政治の裏づけがなかった結果である。

日本海軍はその性格上当然ではあるが、よく科学に親しみながら日夜必勝の信念の練成に努めて来たが、それでもなおこの信念に科学の裏づけの足らなかったことを如実に痛感させられた。

すでに原子力時代は発足した。およそ原子力時代の性格に背く一切の事態は清算されるべき運命にたちいたった。原子力時代の性格とは、現代科学最高の力の前に一切の過去を反省し、いたずらな権謀術数を排して、あくまで真理に徹し、人類平和の希望に満ちた新しい世界を創るための科学の宣告を受けたということである。

しかし、原子力の発達は、可能性のある戦争の勃発を未然にくいとめ、あるいは起った戦争を早期に終止するに役立つだろうとは、一応考えられることであるが、停止することのない科学の進歩が、もしいまの原子力以上の新科学兵器の発明をもたらした場合、それが侵略戦争に使われるか、あるいは地球上から戦争をなくするために、無言の絶対威力となって使われずにすむか、問題は依然として残されるであろう。この問題の解決は、結局、世界人類の英知、忍耐、政治の問題になって来ると思う。

三　政治家の職責は極めて重大といわなければならぬ。一言にしていえば、政治家は万策を尽して戦争を未然に防ぎ、起った戦争を拡大せずに早く止めるべきであるということである。国際不安の現状、特に原子力の支配する今日以後一層然りである。ここで私の想起することは、開戦前の日米交渉の経過についてである。私の聞いたところでは、ルーズヴェルト大統領と近衛総理のハワイ会談が予定され、日本側はこれに非常な期待をかけていたところが、アメリカ側がこの会談を断った。このために、日本側はついに開戦の決意をするの止むなきにいたったということである。

もしこの会談が行われ、また今次大戦の前奏曲であったわが国の軍事外交が適切を欠くことがなかったならば、日米戦争は防ぎ得たかもしれないと思う。

戦後の世界平和再建のことに関しても、国際政治家に課せられた責務はまことに大きいと思う。とくに敗戦の不自然な状態は容易に思想戦の好餌《こうじ》となり、さらにこれが時を経るにしたがって大戦の導火線ともなり得る可能性をはらむものであるからである。

四　しかし、たとえ戦いに敗れたとはいえ、われわれ日本人として忘れてはならないことがある。それは平和の時代とはいっても、世界情勢を動かしている国際政治外交の裏面には、つねに軍事戦略が影にかくれて、つよい影響力をおよぼしているということである。

元来、平和から戦争に入り、戦争からふたたび平和に復帰する一連の経略は、大政略に属すべきものである。戦争の過程にあっても、大政略の観点に立って戦争の指導ならびに収拾を考うべきものであろう。ここに民主政治における政治優先の原則が認められるのであって、同時にまた、軍事戦略の地位も決して軽視されるべきものではないということである。この点こそは、今次大戦がわれわれに訓えた最高の教訓であった。ことに今日の民主政治下、国民の全部が体得すべき教訓である。

政治が軍事に優先するということは、軍事が政治のうちに包括されているということであって、文人がつねに武人に優先するかの如き考えとは別の問題である。

古来、征戦幾百年いずれの戦いにおいても、誤算と錯誤はつきものである。戦いの中途、思わぬ新兵器の出現を見ることもある。顧みれば戦いの勝敗は、実に時の運である。しかし、わが国は有史以来未曽有の敗戦を喫した。永遠の歴史からみれば、これは民族への一大試練である。敗けて勝つ国民の真面目にして勤勉な心構えこそ、一層大切であろう。

日独伊三国同盟年譜

年	著者の行動	日本の経過	独伊の経過	連合側の経過
昭和十四年 一九三九	北支第三遣支艦隊司令長官	六月　ノモンハン日ソ衝突 九月　阿部内閣、欧州戦争不介入宣言	五月　独伊軍事同盟 八月　独ソ不可侵条約成立 九月　独ソ軍事協定成立 ポーランド降伏	九月　英対独宣戦 仏対独戦参加 米中立宣言
昭和十五年 一九四〇	九月　三国同盟軍事委員任命 十二月　日本発欧州に向う	七月　第二次近衛内閣成立 九月　日本軍仏印進駐、日独伊三国同盟成立	四月　独軍ノルウェー侵入 五月　独軍、蘭、白、ルクセンブルグ侵入 オランダ軍降伏 ベルギー王降伏 六月　伊国参戦 仏軍降伏 十月　独軍ルーマニア進駐	十一月　ルーズヴェルト大統領三選

昭和十六年 一九四一	一月　ベルリン着 三月　陸海軍視察団来着 視察団と共に独伊各地視察 七月　グロス海軍大将を通し軍事委員会の成立を要望す 八月　フリッケ海軍作戦部長、レーダー海軍長官と意見を交換す 十二月　日米開戦の飛報に接す ゲーリング空軍長官と会談 独海軍長官と会談	三月　松岡外相、訪独伊のため出発 四月　日ソ中立条約成立 七月　第三次近衛内閣成立 八月　野村駐米大使、ハル長官、日米会談開始 十月　東条内閣成立 十一月　来栖大使渡米 十二月　日本、対米英宣戦布告	一月　独ソ新協定成立 四月　独軍ギリシアユーゴ侵入 独軍英本土上陸中止 六月　独対ソ宣戦布告 対ソ戦 十月　モスクワ戦挫折 十二月　独伊対米宣戦布告	二月　米陸戦隊中国引揚 三月　米武器貸与法成立 七月　英米、日本資産凍結宣言 八月　チャーチル、ルーズヴェルト洋上会談 大西洋憲章宣言 十月　英米蘭、対日石油禁輸宣言 ソ連政府モスクワよりクイビシェフへ移転
昭和十七年 一九四二	一月　日独伊軍事協定成立 二月　混合委員会成立 二月　独大本営ヨードル作戦部長と会談 三月　以降欧亜作戦の協同に関しヨードル大本営作戦部長	一月　日独伊新軍事協定成立 二月　シンガポール占領 六月　ミッドウェー海戦	九月　独軍スターリングラード突入	一月　二十六ヵ国反枢軸同盟宣言 米英合同参謀本部設置 二月　米英合同軍需品配給局設置 四月　マッカーサー西南太平洋司令官

	フリッケ海軍作戦部長、伊国ムソリーニ統帥などと会談す 秋季十月以降 エジプト作戦敗退 一九四三年度対ソ攻勢作戦頓挫 独伊戦勢不利に陥る この間戦勢挽回に関し会談、意見交換、経済協力問題会談等寧日なし			任命 八月 米軍ガダルカナル上陸
昭和十八年 一九四三	二月 日本海軍への潜水艦寄贈 四月 連絡使一行来独（ベルリン会談） 四月末 外務大臣来電 独大本営ヨードル作戦部長と会談 五月 独大本営訪問 独潜水艦にて離独 日本に向う 八月 日本帰着報告	一月 日独伊経済協定成立 二月 ブナ、ガダルカナル撤退 五月 山本連合艦隊長官戦死 アッツ守備隊全滅	二月 スターリングラード独軍敗退 独海軍長官交代 七月 伊国ムソリーニ首相辞任 九月 伊国無条件降伏 日独同盟再確認	一月 英米カサブランカ会談 十一月 ルーズヴェルト、チャーチル、蔣介石、カイロ会談（日本領土問題討議）

	十月　呉鎮守府司令長官			
昭和十九年 一九四四	七月　海軍大臣就任 八月　横須賀鎮守府司令長官 九月　海上護衛司令長官	二月　決戦非常措置要綱発表 六月　サイパン陥落 七月　小磯内閣成立 十月　米軍レイテ上陸 十一月　B29東京空襲		六月　米軍サイパン上陸 七月　ブレトンウッヅ会議 八月　連合軍第二戦線パリ進入 九月　第二次ケベック会談
昭和二十年 一九四五	五月　軍事参議官兼海運総監	二月　日本本土空襲激化 四月　米軍沖縄上陸 七月　佐藤駐ソ大使を通じソ連に和平斡旋を通知 八月　広島、長崎に原子爆弾投下 ポツダム宣言受諾	五月　ベルリン陥落	二月　ルーズヴェルト、チャーチル、スターリン会談 四月　ソ連、日ソ不可侵条約不延長通告 八月　ソ連軍、満州樺太朝鮮に侵入

東條内閣崩壊の真相

「サンデー毎日」昭和二十五年九月三日号

私は開戦前からドイツに駐在していた。昭和十八年五月七五〇トンの小型潜水艦に便乗して欧州の地を離れ、薄氷を踏む思いでビスケー湾を横断、大西洋を南下してアフリカ南端を迂回のうえ、印度洋を横ぎって無事東京に帰りついたのは七月中旬であった。

当時太平洋の戦況はソロモンに対する敵の反攻愈々《いよいよ》急にして戦局は正に死活の分水嶺に立っていた。欧州で必死の戦いを続けているドイツの姿をつぶさに観察し、一年半振りで懐しの東京に帰着した時の私の第一の印象は陸海軍の協調がうまくいっていないことだった。物の面でも飛行機の発注や資材の入手に陸海軍が血眼で取合をしていた。これでは唯さえ少い物資が戦争目的に最も有効に使われる筈がない。また人の面ではこの大事な時に若い青年が平時と同じように呑気そうに銀ブラをしている姿が特に目についた。また当路の人達や軍部や民間の有識者たちの間には戦局を繞《めぐ》って深刻な意見の対立があった。戦争の将来に対しても悲観論が強く蔓《はびこ》っていて決戦を戦い抜く総力の結集が出来ていないということを痛感したのであった。また陸海軍部内の動員態勢も不完全で就中《なかんずく》その上層部の現役と非現役軍人の協力、いい換えれば部内総力の結集さえ欠陥が少くないように思われて、これは困ったものだと思った。

至急上京せよの命受く

私は各方面から講演攻めに逢わされたが、いずれの場合でも我国の総動員態勢が著しく立ち遅れの状況にあった。物や人の動員と共に精神方面の動員にも全力を挙げ、奮然国家の総力を結集し戦争完遂に邁進しなければならないということなどを強調した。而《しか》してドイツの航空機発注の一元化、学生軍其他の動員状況等に就いて語り、国民の奮起と頑張りとを要求したのであった。

間も無く私は呉鎮守府司令長官に親補せられて東京を去り、約一年間鎮守府の出師《すいし》作戦の事に没頭した。従って東京政界の情況等には多くの関心を傾ける余裕がなかった。昭和十九年六月中旬、連合艦隊はマリヤナ沖海戦に甚大なる痛手を蒙《こうむ》り、戦傷病者は続々と呉海軍病院に運び込まれた。同月下旬サイパン島は遂に敵手に堕《お》ち戦局はいよいよ最後の決戦段階に入ったのである。

灰ヶ峰の赤肌に七月の陽光が照りはえて暑苦しい七月十四日のこと、私は海軍大臣から

「至急上京せよ」との電報を受取った。内容は何か出師作戦に関する打合せの用向であろうと考え、翌十五日早朝飛行機で広《ひろ》の飛行場を出発し正午頃羽田に着いた。晴れ渡った夏の空の旅はすがすがしい。早速、海軍省差廻しの自動車で同省に着いて沢本次官に逢った。赤煉瓦の中の人の動きが何となく慌しい。岡軍務局長も陪席していた。

沢本次官は、

「どうも御苦労です。実は此の度、島田海軍大臣がやめられることになったについて、海軍首脳部の会議に於て貴方を後任に推薦されることに決まりましたので、上京を願ったわけです」と言う。まことに思い設けぬ話であった。

「そりゃどうも意外な話だが、島田さんはどうしてやめることになったのか？」

「その事は直接大臣からお話があると思うが、お上に対して一日も大臣の職に止まっておれない立場になっておられますので、出来れば今日にでも親任式まで運びたい御希望なのです。とも角直ぐ大臣に会って下さい」ということで、私は狐につままれたような気持で大臣室に島田海相を訪ねた。

島田大将は広い大臣室に一人、鬱然たる面持で坐っていたが、

「実は、お上から島田は辞めたがよかろうというお言葉があったのです。既にお上の御信任を失った以上、私は一日も大臣の職に晏如《あんじょ》としておられません。こう言う事情ですから、御苦労ですが貴方に私の跡を引受けて貰いたいのです」と言う。謹厳な島田さんの面持に

より其の苦衷《くちゅう》のほどは察するに余りがあった。私も呉で時々東京から出張して来る人たちから、東條内閣に対する非難の声を耳にし、既に天下の人心が離れていること並《ならび》に島田海相の東條氏に対する過度の協調振りに非難の声あることを知っていた。海相が戦時内閣における海軍の立場を強力に守り通すことをしないという不満を耳にしていた。

「御話の次第は私にとっては全く寝耳に水のようなことで、しかも承れば海軍の立場としても絶体絶命の事のように考えられますが、私はあたかも御命令に強いられているような気がします。いくら命令でも直ぐに引受けろといわれるのは無理な相談でありますから、一応永野大将に逢った上で考えることに致しましょう」と、言いおいて目黒の私邸に同大将を訪ねた。永野さんも同じことを言って、

「御苦労だが海軍の為に引受けて貰い度《た》い。事情が事情だから今日中に東條に逢って呉れ。云々《うんぬん》」と語られた。そこで私は事、既にかくの如しとせば、海軍の為めに已《や》むを得《え》ないと思い、

「これから早速東條総理に会見することにしましょう」といい、永野邸を辞し、総理官邸への車中で次のような事を考えた。

島田の統制力全く地に墜つ

戦局は既に決戦の段階である。ここで私が島田氏の後任を引受けないとなると、その結

果は、内閣が倒れることになる。海軍が内閣をたおしたとなると、唯でさえはげしい陸海軍の相剋《そうこく》に拍車をかけて益々お上を煩《わずら》わすことになる。それればかりか、内閣の更迭《こうてつ》となると少くとも、一ヶ月ぐらいは決戦に立ち向う戦備を遅らせ、敵に乗ぜられる隙を作ることになる。むしろこの際、海軍大臣のみの更迭に止めておくことが戦局の全般から見て有利ではないだろうかと考えたのである。

これより先、政界の情況を熟知している在京の私の友人たちはこの際、野村に引受けさせない方がいいというので、其の事を私に注意しようとして、大方汽車で上京するものと判断し沼津辺まで迎いに出て待ち構えていたそうだが、私は飛行機でいきなり東京に乗り込んでしまったので注意をきく暇も無く、突如として重大な交渉にぶつかってしまったわけである。

当時、海軍部内の先輩長老、岡田、財部、末次、米内等々の各大将方は〝日露の役のとき山本権兵衛海相が当時の内閣に於て事実上外交、軍事をリードしていた事績に鑑《かんが》み、この度の戦いは太平洋における海軍の作戦即ち対米戦が主であるから、軍事、外交等に対して海相の指導力が強くなければならないのに、島田海相のやり方はこの点において遺憾の極みである〟という不満が強く反島田熱となって部内に漲《みなぎ》っていた。一方大西中将等を急先鋒とする海軍省、軍令部の若手の中堅幹部の中にはこれと考えを一にする気流が鬱勃としていて、もはや島田海相の統制力は地に墜《お》ちていたのである。

駐独中、日米開戦前後のドイツ潜水艦の活躍がまことに目ざましく一時、連合国船舶の損失は毎月七、八十万トンにも達して、其後半年もこの情況が続くならば英帝国の運命は危殆《きたい》に瀕するのではないかとまで思われた。ところが連合国側の科学技術陣の総力を結集した努力が電波兵器に結実して昭和十八年初頭から優劣所を換えるに到ったのをかの地において親しく目撃した私は太平洋における戦勢もまたこれを符節《ふせつ》を合せて頽勢《たいせい》の一途をたどるにいたったのを切実に感じていた。もとよりこの兵器のみが、その原因とは言えないまでも、これによってわが海軍伝統の奇襲戦法も封ぜられて手も足も出なくなっていたことは事実である。ついては何とかしてドイツから潜水艦で連行したドイツ人の専門技師たちの協力で速かにこの兵器を実用化し、これを戦陣に応用し以って崩れかけたる戦勢の挽回をはかりたいというのが、帰朝以来の私の念願であった。

海相就任の交渉を受けた時も、この考えは私の頭から離れなかった。もちろん、当時の私には重臣層の間に「東條内閣を殪《たお》さざる可《べか》らず」というような考えがあろうとは知るよしもなかったのである。

かくして私は午後九時東條総理をその官邸に訪れたのであった。東條総理は私の来訪を待っていた。直ちに応接室に入り、主客余人を加えず会談に入った。元来、東條氏と自分とは深い知り合いの間柄ではなかった。中国事変勃発の前年、当時私が軍令部第三部長の職に在った時、命を帯び華北及び満州に視察旅行に出掛けたことがあった。この時、東條氏は新京にいて憲兵司令官の職に在り、私の視察に便宜を与えてくれた時の知合いであった。なお昭和十五年末、三国条約成立後、軍事委員として渡独した当時は陸軍次官《ママ》であった。

東條に戦機即応を建議

私は一応の挨拶を済ませてから、

「この度の海相就任の交渉は私に取ってはまるで命令のようなもので、諸般の情勢はどうしても引受けなければならぬ立場に追い込まれているようだが、それについては先《ま》ず私の考えをきいて貰いたい」と述べた。東條氏は「戦局真に重大御苦労ですが、この際曲げて御引受け願いたい。では御考えを喜んで承わることとしましょう」といい、他意なき態度で私の語るところに耳を傾けた。

　そこで私は先ず第一に全般海陸空の作戦実施上、陸海軍の協調ということが何よりも必要だとは誰でも呼号する点なるが、事実は一皮むけば何から何まで陸海軍のとり合いと抗争でお話にならぬ。今や戦局は決戦の段階に達し国家の運命は生死の境を出入している重大なる戦局の手前、陸軍とか海軍とかいうような対立的な考えから離れ、真に一体となってやって行かねばいけないと思うが、これに対し貴下は如何に考えていられるか」

「その通りです。私と島田海相との苦心も実にここに在ったのです。大臣が総長を兼務するようにしたのも、実はその考えでやったことなのですが、それがはからずも政治問題となり反対が強くなったので、こんど大臣と総長とを分けようと思っています。御考えの次第は私としても全然同感でありますので、御意見の通りやって行こうではありませんか」と答えた。そこで、

「私は御覧の通りの野人で何でも遠慮なく物を言う性質です。当事者が相互に理解を深める為には遠慮なく意見を交換することが必要だと思う。就《つい》てはかかる私の性行に対しその都度貴方が気を悪るくされるようであったら、とても協力は出来んと思うが、御考えが伺いたい？」と述べたところ、

「御意見に対し至極賛成です、陸海軍が真に一体になってやって行くという見地から何卒遠慮なく意見を語り合って行こうではありませんか」

そこで私はさらに、

「いままでのやり方を見ていると、戦争指導ということがなっていないように思う。欧州から帰って来た私が痛感しているのは実にこの点である。日本には戦争指導は無いといっても過言でないくらいだ。戦いは対手のあることだ、うまく行く時もあればしくじる時もある、その時々の場面に応じて予め次の事を考えておいて臨機応変、機を逸せず所要の手を打つのでなければ、政戦両略の調節はもとより外交上の懸引《かけひき》も何も駄目だと思う。これからは特に戦争指導の往き方に大に力をそそがねばならぬと考えるが如何」

「その通りです。大本営政府連絡会議はその目的で作ったのですがその運営は今日は全くの事務的になってしまっている。私もこれではいけないと思っている。故に今後は総理大臣、両軍部大臣、大蔵大臣、外務大臣、外に重臣から統帥に理解のある例えば阿部、米内の両氏を閣僚に迎え両総長（参謀本部及び軍令部）とともに戦争指導のことを専任してやって行くようにしてはと思っている」と答えた。

そこで私は、

「それはまことに結構な案だと思う。ただしそれが運営に関してはいままでの様に一々参謀本部や軍令部の下僚に原案を作らせて、それを原案にしていたのではこれまでと大差のないことになってしまうから、なるべく会議のメンバーだけが集まって戦機即応の諸対策を大局的に討議して行くようにしなければいけないと思うが如何」

「その通りである、至極賛成です。これからは貴下の言われるようにして行きましょう」

と答えた。そこで、

「私は中央政界の事情は知らないが、呉で見ていた所では、東條内閣は既に国民に飽かれている、あっさり言えばむしろこの際代った方がいい。しかし敵が既にサイパンに進出したこの重大な秋《とき》に、内閣更迭等の為に一日も戦備をゆるがせにすることは出来ないから、この際多少の不満はあっても政変を避けた方が大局上有利だという考えから、この際何とか人心を新たにすることを考えなければいけないと思うが如何？」

東條総理は苦笑を洩らしながら、

「その通りに相違ありませぬ。それだから海軍大臣の交代を行い大臣と総長とをそれぞれ別人に分ける。専任の軍需大臣もおく、重臣層から国務大臣を入れて戦争指導をやって貰う。また今までの内閣顧問は多くは経済方面の人のみであったが、こんどは貴衆両院からも政治顧問も入れて両院との連絡を密にする。これ等で人心を新たにしようと思っている。それから後のことはまたおもむろに話し合って行こうではありませんか」というような話で、私の意見に全面的に賛同したので、私は、

「それならいいでしょう、そのお言葉を信じて海軍大臣を引受けましょう。しかし一応、明日午前熱海に伏見宮をお訪ねして思召《おぼしめし》を伺いますから、もし具合が悪ければ電話を致しますがそれがなければ明日午後三時以後に親任式のことを取計われて差支《さしつか》えありません」

と言い置いてその夜は海相官邸に泊った。

翌朝伏見宮に伺候《しこう》したが、

「御苦労だが、やって貰いたい」というお言葉を承って帰京した。

十五日午後三時、宮中鳳凰間《ほうおうのま》で親任式を済まして海軍省に着任し高等官以上を集めて着任の挨拶をすませ、午後七時から新聞記者団との初会見を行った。

〝東条のやり方気にくわぬ〟と米内

右記者団との会見においては「最近の戦局に鑑み部内一般のモヤモヤした空気の中この度の海軍大臣の更迭は要するに現下切迫した戦局において大臣、総長の兼務は適当でないので各々専務で力一杯でやって行かねばならぬので大臣の更迭となったのであって、重大戦局に対する戦時態勢強化の一言に尽きる。それ以外には何の理由も無い。そのつもりでしっかり協力して貰いたい、云々」と語った。

しかるところ、話の最中に内閣から使者が来た。岡軍務局長が慌てて報告した要旨は、「総理は政府を投げ出すことに腹を決めたということ、就ては明朝十時に宮中で閣議を開き辞表を纏める考えなるが、一応海相から海軍の立場を以って昨日の話し合いに就いて米内大将に了解を求めて貰いたい」ということであった。

〝どう言うわけか〟ときけば、昨夜私が総理に約束した諸条件のうち、特に戦争指導会議に重臣層からメンバーを迎える件で、総理は同朝から活発に動き出したのだが、阿部、米内両大将の無任所大臣就任の交渉が思うように行かない。阿部大将は大体承諾したらしいが、米内大将がきかない。聞く所では昨日重臣の集りがあって、東條内閣はもはやこれ以上支持しないという申合せが出来たという。東條首相はこれをきいて、それでは内閣を投げ出す外《ほか》はないというわけで、急転直下総辞職の決心をしたのだが、しかし最後の手段として海軍大臣から米内氏に最後的に話して見て呉れというのが頼みの主旨であった。そこで記者団との会見を適当に打切り、とりあえず岡軍務局長を米内大将のもとに遣《つかわ》したが、きき入れないということであった。それでは今夜十時過ぎひそかに米内氏の来訪を求むべく手配を命じたが、しかしかくては世間の注意を引く恐れありとしむしろ自分が車を米内邸に走らせ会談するにしかずと考え直し凡《およ》そ十一時頃より約一時間にわたり主客対談、同大将の奮起を促した。会談の要領は次の通りである。

「私が大臣を引き受けた根本の考えはこの際、海軍が内閣を倒したという印象を与えては海陸軍の協同に悪影響がある。戦備にも支障が出来る、この重大な戦局において、一番大事なことは挙国一体となり当局を支援するほかはない、この際国家を救う道は真に総力を集中するほかはないと思う。いろいろ御不満もおありとは思うが、戦争指導を受持って戴けませんか、この際すべてを殺して引受けて戴きたい」

と、言葉を尽して頼んで見たが地味な性格の米内大将は、

「自分は大体東條のやり方が気に喰わん、協力はとても出来ない。貴下の言われる如くすべてを殺して協力しようとしても、結局は喧嘩になるだけである。大体無任所大臣などになって見たって何も出来るわけがない。部下もなし一個の米内だけでは何にも出来ない。自分も戦時下、身を粉にしても御奉公はしたいがそれには軍人として働かして貰いたい。端的にいえば、私と末次を現役に復して私は大臣の相談役となり末次は軍令部総長の相

談役になろうじゃないか、その方針で協力を求められるならば喜んでご相談に応じよう」と言う。

私もそれは結構だと思ったが、実際問題としては「陸軍との関係もあって現役復帰ということは今日明日の事には運びそうもない。その前提としても、是非この際刻下最大の急務たる戦争指導のメンバーに加わってもらうことを承諾が願いたい」と重ね重ね述べたるも「それは厭だ、内閣に入って東條と一緒にやることはどうしても出来ぬ」と言うことで、ついに目的を果さずに官邸へ帰った。時は既に夜半を過ぎていた。

最初にして最後の閣議

翌朝十時に初閣議にのぞんだが、それが最初にして最後の閣議だから妙なものである。首相は興奮の面持で事のいきさつを語って、激越な調子で「重臣層が陰謀で内閣を倒そうとしている。これでは到底、政局を担当出来ないから辞表を出すことに決心した」と語り、総辞職への辞表を取りまとめ、これを闕下《けっか》に捧呈《ほうてい》した。しかして内閣総辞職の声明書案を書記官長をして読み上げさせた。その声明には内閣投出しのいきさつを述べ、重臣の策謀により云々といった様な語気が荒々しく綴られてあるのを耳にした。しかるに連なる閣僚は右に対し敢《あえ》て意見を述べんとする気配なきを以って初閣議の出席にかかわらず、「海相に新任したばかりの私にとっては、閣議が投出しの閣議になってまことに残念だが、国内の足並の乱れを敵側に見透かされるようなことは言わない方がいい。あっさりと微力にして戦局担当が出来ないから人心を新たにするために辞表を出すと言う風に書いて積極性の含みを持たした方がいい」と発言した。声明書はかかる経緯の後、結局私の意見の方向にて処理することに決ったのでいささか面目をほどこしたような気がした。

内閣総辞職の辞表が受理されると、恒例によりて重臣に御下問があって後継内閣の首班を誰れにするかが奉答されるわけだが、私はもちろん海相になったばかりではあるし、大方留任することになるものと思っていた。以上の考えのもとに、私は決戦下新内閣において如何にその重責をつくすべきかに関し、ひたすら思策をめぐらした結果、私の脳裡に画いた決心はおよそ以下の如きものであった。

一、総動員態勢を迅速かつ有効に確立し、名実一致の陸海軍の協同、戦力の発揮に努む

二、戦争指導会議を強化し政戦両略の調節をはかりつつ、其の時に打つべき軍事上、政治上、外交上の手を先手先手と考えて行くようにする

三、電波兵器その他新式兵器の実用化に全力を注ぐ

四、決戦下事務の促進をはかる措置を講ず

これがため大臣の側近に次官を長とする局部長会報を設け、戦備上必要なる緊急事項を其日其日提案し大臣の決裁を迅速に行う如くす

辞表提出後一日、二日これらのことに関し思策をめぐらしておった間に、自分の新内閣

への留任はオジャンになりそうな気配が伝えられて来た。即ち聞くところによると、重臣会議では総理候補として米内大将が挙げられたとのことであるが、米内氏は、「自分は総理としては不適当である。戦局重大な折柄、帝都は遅かれ早かれ戒厳令を布《し》くようなことになると思う。そうすれば総理は陸軍から出た方がいい」と辞退し「それでは副総理にはどうか」という意見が出たのに対し「単なる国務大臣では何も出来ない。せめて海軍大臣にでもなってということであれば……」ということで、それならば一層結構だというようなことで奉答が行われた由。

東條内閣総辞職のあと

かくして十七日、小磯、米内両氏が御前に召され大命が二人に下ったのである。しかして同時に米内氏を現役に復して海軍大臣とするようにという特別の御言葉があったと言うことである。

大命降下後の同日午後、小磯、米内両氏は同道して私を官邸に訪れた。小磯氏曰く、「大臣に出られて直ぐ辞表を出された貴方に対し斯《か》く申上げることは真にお気の毒に存じますが、実はこのたび大命降下に際し海軍大臣を誰れにするかに関し、〝米内大将を現役に復して海軍大臣にせよ〟と言う御上の内意を承っておりますので、就ては海軍においてそのように取計って戴きたい」と言った。

私は「後刻何分の返事をする」と答えて別れた。

即日海軍首脳部会議を開き、深夜午前二時頃まで熟議検討を遂げた結果、〝単に小磯氏がお上の御内意であると言ったからとて直ぐああそうかでは海軍としていささか軽率に過ぎる。部内一般に与える影響も大きいから、小磯氏の言真実なりやをお上に確める必要がある〟ということに決まったが、さてどうして確めたらいいか？

内大臣を経てやるのも一法だが予備役を現役に戻すことは軍人の人事に関することであって、内大臣を経るのはかえってよろしからずとし、侍従武官を経て拝謁《はいえつ》を願い出《い》で、翌十八日午前九時拝謁を仰付けられた。私は、

「小磯大将がかくかくのことはお上の御内意であると申して参りましたが、左様承知致して宜《よろし》う御座いますか」と伺ったところ、「宜《よろ》しい」という言葉がお上の口から流れたので私はそれだけで御前を下った。

これより先、海軍大臣が拝謁を願出でたことが陸軍に伝わり、陸軍は予備役を現役に復帰することに強く反対し〝海軍大臣が拝謁のときに、この事に就ては陸軍大臣にも意見が御座いますから〟と申上げて陸軍大臣の拝謁のキッカケを作って呉れという交渉があったが、私は〝自分の拝謁は御内意の交渉如何を確めるにあって意見を申上げるのでない。従ってそんなキッカケを作るような事は出来ない〟旨を答えた。拝謁の結果は直ちに之れを海軍首脳に報告、かつ本件は人事問題取扱上の最重要事項に属するを以って一応内閣側に

回答するに先だち、伏見宮にも報告の上返事することにし、同時に陸軍側に対しては軍務局長を使いとし拝謁の結果を伝えしめ、私は熱海に走ったのであった。

伏見宮に事の終始を語りたるところ、私に対しては厚き同情の御言葉とともに深く遺憾の意を語られた。米内大将現役復帰の問題に就ては、

「お上の御言葉であればもちろんその通り取り計うべきであるが、しかしこれは米内に限り左様取り計うべきであって、米内以外に就ては戦時下影響する処が大きいと思う故注意するように」との殿下の御言葉であった。

熱海より東京に帰った私は、ただちにその足で組閣本部を訪ね、小磯及び米内氏に対し、「米内大将の現役復帰、海相就任に海軍として異存なし。ただし伏見宮殿下より本件は米内に限りだよと、繰り返し申され御注意があったからその点御心得まで申し上げて置く」との回答を致した。

これで一番遅れていた海相もきまって組閣が完了した。重任を引継いだ私は為すべきことをやったという淡々たる気持を以って横須賀鎮守府長官に転出した。

この数日の間はろくろく睡眠もとれずに唯忙しい思いをしたばかりだったが肩の荷をおろしてまことにサバサバした気持であった。しかしこの政変を通じて私の感じたことは、このたびの戦いは不幸にして長期総力戦の幕に入って、人も物も国家の総力を結集しなければならない戦いであるが、戦前に現役を去りし多くの海軍の長老たちの考え方が兎角《とかく》訓

練を重ねたる精兵のみを以て戦える日露の役当時の考え方から一歩も出ていないことであった。

倒閣に一役買った私

戦局の推移にとらわれてまた逐年の連合艦隊の訓練のみを頼みとして、新兵器が如何に重大な影響を齎《もたら》しているか、航空関係員の錬度不足がいかに戦局に禍しているかというようなことに対して認識が欠けていた人が多かったように思った。

ただここに私が海軍大臣として在任せし数日間、私において遺憾に考えてることが一つある。それはこの一両日の間に行った次官、軍務局長、その他軍令部方面の高級人事の処理に関し、かれこれ、部内及び部外に言議の種子を残したということである。

当時戦局の不利なるとともに海軍省・軍令部方面の首脳部に対しと角の評が高かった。これを誰々を交代させ清新の空気を入れるかということはまことに重大な問題であった。あまり急速にやると、いままでの海軍のやり方が悪かったということを天下に広告するようなものだし、下手すると事務能率低下の惧《おそ》れもある。戦時下大臣が変ったからとて首脳部の総入替えを行うということは最も警戒を要する。もちろん海軍には派閥というものは存在しないのだから故に漸進的に人事を刷新するつもりでさし当り省内外の事務連絡に支障を来さしめざらむとの顧慮から、およそ両三ヶ月の臨時の処置として岡軍務局長を次官にして、軍務局長に新人を入れ、軍令部総長、次長も省内外の事情をよくよく取り調べた上逐次入れかえる考えの下に、さし当りの人事異動を行わざることとしてかかったのだが、これが当時省内の鬱勃たる妖雲に包まれたる空気の中、一般的の気受けがよくなかったということである。かかる事から自分の真意が急に誤解され、言議の種子を残した。自分としてはむしろ意外とせしところであった。

しかし当時世間では野村は東條内閣を壊しに行ったという風評が立ったが結果論から言えば私の投じた一石が動機となってこわれたのであるから、そういうことになるかもしれないが、本来私はそんなつもりでやったわけではなかった。後で永野大将は、「自分は実は東條内閣はもはや左程長くはないと思っていた。しかしあんなに早急に転換しようとはもちろん思っていなかった、まだ数ヶ月は持つだろうと思っていた。野村君の在任は僅か四、五日の間だったが、省内外の事情その他戦局殊の外重大な時に際会し難局に立ち、よく善処して海軍上下の信頼に背《そむ》かなかったことは、平時の大臣の一年の仕事よりも大きかったと思う。以て瞑すべきだ」と言ってなぐさめて呉れられた。

横須賀鎮守府に行ってから、たまたま当時木更津にあった連合艦隊長官豊田副武《そえむ》氏を訪ね経緯の大要を語った時、同氏は、「海軍に傷をつけずに東條内閣を倒して淡々として大臣をやめた所は見上げた男振りだった。正に殊勲の甲だね。特に初閣議での発言はよかった」と笑っておられた。

高松宮殿下も後日拝謁の際、「単独拝謁で確めに行ったのは上出来だった」とのお褒めの言葉をいただいた。慌しかった三日大臣も私には思出多い一つの経験であった。

野村直邦自叙

八十八年の回顧

自序

わたくしは不思議にも武運にめぐまれ、今年米寿を迎えるまで寿命を繫ぎ得ましたことは、まことに有難い仕合わせであります。

当今、国際情勢に注目する人達が、第二次世界大戦及び今日の国防問題に多大の関心を寄せられる世相に顧みて、世に、「敗軍の将、兵を語らず」という言葉もありますが、私は日露戦争から大東亜戦争まで海軍に籍を置いた者として、事実を陳述しておきたいと考えました。

又、本回顧録を書く一つのきっかけは、昭和三十六年七月に始まった東郷神社復興奉賛会の募金運動中、同奉賛会副会長として私が全国を行脚しました際、「東郷神社復興のこともまことに結構ですが、敗戦によって失われた日本民族の魂の復興にも尽力されたい」との声をしばしば聞かされ、深く思い当るものがありましたので、老齢をかえりみず、筆を執った次第であります。

しかしながら、既に数十年を経過したこととて、記憶もうすれ、短文に録することの困難さもありますが、老齢に免じてお許しを乞う次第であります。

昭和四十八年十一月誌

ときに八十八歳六カ月

野村　直邦

第一編　海軍士官を志して

第一章　生いたち

私は幼名を仁蔵といった。父は才吉。その長男の清蔵が早世したので、私が野村家の嫡子として育てられた。

生れたところは、薩摩半島の吹上浜（鹿児島県日置郡）に面した吉利《よしとし》村（北方《きたかた》）で、旧藩時代は小松家の領地に属した。領主小松帯刀《たてわき》は明治維新の功に依り伯爵を賜った。野村家は藩政以前から野村原《のむらばる》地方の旧家で、毎年二百俵以上を上納、父才吉も終始村民の敬愛を受けていた。

由来、全国に北方の地名があり、源平の落武者と縁故深い土地が多い。わが北方も、今から数百年前鎌倉権五郎景政という落武者が孟宗竹の弓矢の傷を受けて陣没したという伝説を残している。この景政と野村家との因縁はわからないが、野村家の屋敷には孟宗竹が育たないと伝えられていた。

高等小学校に通う頃から共学舎という健児の舎でスパルタ式教育を受け、次いで鹿児島一中に入校した。その頃から、からだも大きくボートの選手に選ばれて活躍したが、毎年特待生の恩典をうけた。

第二章　海軍兵学校生徒、ついで海軍少尉候補生

一、日本海々戦前、東郷司令長官の訓示を聞く

わたくし共が海軍兵学校に入校（兵三五期）したのは、日露戦争の初年、明治三十七年十一月であった。兵学校在学三年間は恰《あたか》も文武両道の修道院のような教育をうけたが、当時の教官は戦場で武勲を建てた方々で、例えば旅順口閉塞隊《りょじゅんこう》の勇士などであった。

偶々《たまたま》、東郷連合艦隊司令長官はバルチック艦隊を迎え打つべく準備を整えておられたが、戦地に向って回航の途中、旗艦三笠を率いて江田島に寄港され、生徒一同（総数約五百名）を三笠の後甲板に集めて訓示をされた。

その訓示の中に「われ等はこれから出陣して敵艦隊を迎え打つ。生徒達は、われ等の後

を継いで、上、主上はもちろん、国民の期待に添い、わが海軍の建設に努めよ」との言葉があったことを、今尚感銘深く覚えている。

二、連合艦隊解散の訓示

日本海々戦に於てバルチック艦隊を撃滅し、間もなく平和となって、明治三十八年十月二十三日東京湾で凱旋観艦式が挙行され、十二月二十日連合艦隊の編制を解かれた。

そのとき東郷司令長官は全軍の将兵に対し「二十閲月の征戦」を回顧して「百発百中の一砲能く百発一中の敵砲百門に対抗し得るを覚らば我等軍人は主として武力を形而上に求めざる可らず」と訓示し「古人曰く勝って兜の緒を締めよ」と諭された。

爾来《じらい》われわれ海軍将兵はこの訓示を体して已《や》むことがなかった。

三、練習航海

明治四十年十一月海軍少尉候補生を命ぜられ軍艦厳島《いつくしま》に乗り組み、遠洋航海の途に就いた。

練習艦隊は厳島・松島・橋立の三景艦を以って編成せられ、司令官は小花三吾少将であった。

遠洋航海の航路は、過ぎし日露戦争の戦跡回りを加味して選定せられ、横須賀を出港して、香港《ホンコン》、西貢《サイゴン》・新嘉波《シンガポール》・彼南《ペナン》・ツリンコマリー・古倫母《コロンボ》・バタビヤ（今のジャカルタ）・馬尼剌《マニラ》・澎湖島・仁川・旅順・大連などを巡航したが、澎湖島の馬公に錨を降ろした直後、松島の火薬庫が爆発して、三十三名の同級生を失ったことは、私達候補生一同、終生忘れ得ないところである。

第三章　青年将校（尉官）時代

このころは艦務訓練、学生修業、陸戦隊勤務等のため転勤転乗の多い時代であった。

明治四十一年七月鹿島乗組、同十二月海軍少尉に任官、同四十二年十二月海軍砲術学校普通科学生、同四十三年四月海軍水雷学校普通科学生、同年九月安芸《あき》乗組、同年十二月海軍中尉に任ぜらる。

同四十四年十月（清国に革命起こる）居留民保護のため漢口派遣特別陸戦隊勤務。同四十五年その任務を後着の陸軍派遣隊に引き継ぐ。

同年二月揚子江筋大冶鉄山居留民保護のため同地に駐屯す。右駐屯中、明治天皇崩御遊ばされ、大正天皇御即位となり年号を大正と改められた。

大正元年十二月海軍大学校乙種学生、同二年五月海軍水雷学校高等科学生となる。在学

中、広島県呉市の青盛喜一郎の次女愛代と結婚す。

同年十一月卒業、海軍大尉に任ぜられ、駆逐艦子の日乗組被仰付。翌年九月より十一月まで第一次世界大戦の連合国軍として青島攻略戦に参加した。

同四年十二月駆逐艦柏乗組、同五年十二月白雲駆逐艦長、同六年十二月第二戦隊参謀、同七年十二月海軍大学校甲種学生を命ぜられ、同八年十一月第十八期甲種学生教程を卒業した。

〔編者注〕　成績優等に付御賜の軍刀壱振拝受。

この間、大正六年六月十五日、直邦と改名、届出。

第二編　佐官時代

第四章　第一潜水戦隊参謀、軍令部参謀

大正九年十二月海軍少佐に任ぜられ、第一潜水戦隊参謀を拝命、旗艦兼母艦韓崎に着任、司令官は松村純一中将であった。

第一次大戦中、独乙《ドイツ》潜水艦は連合国の非武装船を攻撃目標として非難をあびたが、当時のわが海軍の潜水艦は艦隊決戦に加入することを基本方針としていたので、それに向って研究訓練が行われていた。然し何ぶんにも当時の潜水艦は最高速力、水上十七節《ノット》、水中七節（而も一時間が限度）であったため、潜水艦の威力を発揮せしめることは、一つに艦隊指揮官の戦術運用の巧拙に依るとされ、訓練の重点は主として、散開運動、急速潜航、急速浮上等におかれていた。

一年間の艦隊勤務を終え、同十年十一月軍令部参謀に補せられた。軍令部長は山下源太郎大将、第一班長は末次信正少将で嶋田繁太郎、佐藤三郎、野村直邦等が部員として海軍々備それぞれの部門を担当した。

大正十年十一月ワシントン会議が開催され、海軍大臣加藤友三郎大将が首席全権に任ぜられ、随員を従えて出発された。会議の結果は、主力艦五・五・三の比率を押しつけられ、加うるに、過ぎし第一次大戦中締結した日支二十一ケ条条約を破棄せしめられ、更に同年十二月には日英同盟条約も破棄するの已むなきに至った。

五・五・三の比率を土産に帰国された加藤全権から次の言葉を承った。

「海軍戦艦比率五・五・三を後楯として、互に他国を犯さず犯されざるよう西太平洋の平和を維持するにある」と。

然るに計らざりき、日本与《くみ》し易《やす》しとして、中国各地に排日侮日の運動が勃発し、またたく間に中国全土に波及するに至った。この日本蔑視の風潮は、後年の満州事変に発展し、やがて第二次大戦の導火線ともなるのである。

ワシントン会議中、私は軍令部参謀として会議関係電報の整理、伝達の要務に携り、会議終了後は海軍々備に関する本務に精励したが、同十一年八月独国駐在を命ぜられた。

第五章　独国駐在

印度洋経由で独乙に着いた。当時の大使館附武官は荒城二郎大佐、その後任が小槇和輔中佐で、私は戦史の研究を行うよう命ぜられたので、滞独二年間、語学習得の傍ら第一次大戦攻防の歴史を研究した。

その頃某白系露人と懇意になり、しばしば論議を交えたが、この人は日露戦争後十年間続いた戦争調査会の委員であったという。

この人がいうには「凡そ近代の戦争では、一つの戦争は次の戦争の原因を孕むを例とし、必ずといってよい位、国家の人と物とを総動員する総力戦となる傾向が強い。日露戦争を終って既に十年以上を経過したが、大国ロシアとしては、極東の小国日本に惨敗した面目を挽回するため、もう一度欧州の大国と戦って勝たねばならぬという考え方が、戦争調査会委員の多数を支配していた。後年、カイゼルの下に国勢隆々と伸展しつつあった独乙に対し、英仏両国と共に露国が第一次世界大戦を戦ったことは、これらの考と無縁ではなかった」と。

然し露国は、緒戦のタンネンベルグ会戦に惨敗して以来作戦意の如くならず、而も国内に於て恐るべき有血革命が勃発し、遂に戦争の圏外に脱落してしまった。

その代りに米国が参戦した形となり、英米二大海軍国は優越せる海軍力を行使して海上を封鎖し、之れに対抗して独乙は潜水艦による突破作戦を展開したが、遂に刀折れ矢つきて敗北するに至った。

かくてベルサイユ講和会議となって、独乙は莫大なる賠償金を科せられ、その重荷は子々孫々にまで及ぶであろうと見られ、国民は四苦八苦していたが、これを目の前に見て敗戦の情けなさを痛感したのは、わたしばかりではなかった。

第六章　第十六潜水隊司令、艦政本部第三部首席部員

大正十三年九月帰朝を命ぜられ、同年十二月海軍中佐に任ぜらる。第十六潜水隊司令に補せられたが在任十ケ月にして艦政本部第三部に転勤になった。

恰もこの時、大正天皇崩御、今上天皇御即位のことあり、年号を昭和と改められた。

当時の艦政本部長は、山梨勝之進中将（後大将）第三部長は、荒城二郎少将（後中将）次いで河合退蔵少将であった。

昭和二年四月ジュネーブ会議の首席全権齋藤実大将の随員として、佐藤市郎中佐（後中

将）と共に東京を出発したが、軍事予算担当の大蔵事務官賀屋興宣氏、通訳官小松隆氏なども これに加わり、更に欧州滞在中の堀悌吉、豊田貞次郎、古賀峯一、小林宗之助、桜井忠武等の諸氏も参加された。

会議は予定通り進行したが、巡洋艦保有量に関し英米の主張が激しく対立し、わが国提案の補助艦七割、潜水艦七万二千屯《トン》の要求は論議に至らずして終ったが、これは後日に問題を残すこととなった。

ジュネーブ会議から帰任後は、艦政本部に於て潜水艦の建造に没頭したが、昭和三年十二月海軍大佐に任ぜられ、長鯨艦長に補せられた。

第七章　在独大使館附海軍武官

昭和四年五月独国在勤帝国大使館附武官を拝命し、印度洋を渡航して再び伯林《ベルリン》に着任した。在任中の重要事項を摘録すれば次の通りである。

一、倫敦会議

昭和四年倫敦《ロンドン》会議の随員を命ぜられ、翌五年一月開催の会議に参加した。わが方の主張はジュネーブ会議以来一貫して変らなかったが、英米が協同して強く日本に対抗し、大論争を展開することとなった。首席全権は若槻元総理、次席全権が財部海軍大臣であって、紆余曲折はあったが諸般の事情を勘案して、一応調印のこととなった。

私は大使館附武官として伯林に帰任したが、全権団が帰国されてから、会議の結果を不満とする軍令部長加藤寛治大将、同次長末次信正中将などが中心となって激論沸騰したことは、まことに遺憾なことであった。

二、高松宮、同妃両殿下御渡欧

昭和五年、高松宮、同妃両殿下お揃いで欧州各国を歴訪せられ、伯林には同年八月十六日から同二十一日まで御滞在になった。駐独代理大使東郷重徳氏夫妻を始めとし、私も在独海軍武官の立場からお世話申し上げた。

三、欧州情勢所感

第一次大戦に敗北した独乙はその傷痕未だ癒えず、ヒンデンブルグ元帥が大統領をつづけ、時々内閣の更迭が行われたが、莫大なる賠償金の支払いに苦労し、国家も国民も甚しい苦難の境地に立たされていた。

ベルサイユ条約に反対する労務者や青年が、あちこちでもみ合いや小暴動を起したが、これを指導した主軸は、後年ヒットラーを頭首として勃興したナチス党につながるものであった反面、弥次馬的グループが市内の盛り場などを荒し回っているのも目立ったが、これらの後押しをしていたのはソ連であって、いわゆる国際共産主義運動として各地に浸透しつつあったものである。いたのはソ連であって、いわゆる国司共産主義運動として各地に浸透しつつあったものである。而してこの国際共産主義運動が、その度を加えれば加えるほど、ナチスの運動も旺盛となっていった。

このナチスの活動に呼応し、反共を旗印として欧州の一角を風靡せんとしつつあったのがムッソリニーの率いるファシスト党であった。然しこれ等の運動は日尚浅く、殊に国際共産主義運動の宣伝だけでは所詮効果を期し得ないと判断した革命首謀者達は、運動の後楯としていわゆる赤軍を誕生させるに至った。この事実は欧州情勢の変化として特記すべきことであると思う。

四、満州事変の聞き込み

中国に於ける排日、侮日の運動は日と共に熾烈となり、私達在外の者も、ひそかに心を痛めていた。

昭和六年の初頭、某独乙人が申すには、最近満州から来た中国の将官や佐官が私共の会社を訪れ、ガスマスク五万個を注文した。その用途を問うたところ、曰く、対日戦争の準備で、近いうちに満州に入り込んでいる日本人を全部追い出す予定であると。

この情報はもちろん東京に電報し、且つ在独陸軍武官にも伝えたが、同六年六月帰朝を命ぜられ、米国経由、同年九月横浜に帰着したとき、恰も満州事変が勃発した。

第八章　羽黒艦長、加賀艦長、海軍潜水学校長

帰国後一万屯巡洋艦羽黒の艦長を拝命した。羽黒は足柄、妙高、那智と共に第四戦隊を編成し、第二艦隊に所属したが、長官は末次信正中将であった。

羽黒の乗員は精鋭で、戦技諸訓練には常に優秀なる成績を挙げた。

昭和六年十月、老父死去の報に接し、はぐくみの親を失った悲しみに泣いた。父は七十八才であった。

満州事変に端を発した排日侮日運動は中国全土に拡がり、居留民保護のため陸軍部隊を派遣する必要を生じ、わが第四戦隊は護衛の任務に従事した。

同八年二月、級友原五郎艦長急死の後を承《う》けて、航空母艦加賀艦長に補せられた。加賀は第二航空戦隊の旗艦で、司令官は及川古志郎少将（後大将）、副長は大西滝治郎中佐（後

中将、軍令部次長）であった。

その頃航空戦隊の訓練は、昼夜間の発着艦訓練をはじめ何れも命懸けの訓練であったが、年度末まで、加賀搭乗員中一名の犠牲者をも出さなかった。

当時の訓練の成果は、後年の黎明攻撃や洋上魚雷攻撃の啓発につながるものであったが、これらの訓練に従事した飛行将校は何れもわが海軍航空界の精鋭であって、大東亜戦争に際し指導的役割を果した人達であったことを回想して感無量である。

同八年十一月、海軍潜水学校長に補せられ、呉に赴任し、一年間勤務した。

海軍潜水学校は潜水艦乗員の教育と、潜水艦に関する研究を行う学校であって、教頭は浮田秀彦大佐（後中将）であった。

第三編　将官時代

第九章　第二潜水戦隊司令官、連合艦隊参謀長

昭和九年十一月海軍少将に任ぜられ、第二潜水戦隊司令官を拝命、将旗を由良に掲揚した。

潜水戦隊の訓練目標は、艦隊に随伴し、艦隊戦闘に加入することであって、散開線の適切なる移動、急速潜航及び浮上、潜航中の通信能力の向上、適確なる魚雷発射等が主なる訓練項目であった。

同十年十一月連合艦隊参謀長に補せられ、旗艦長門に赴任した。長官は高橋三吉大将であった。

一ケ年の勤務を終えて、同十一年十一月軍令部第三部長予定者として東京に赴任した。

着任後満州、北支方面視察を命ぜられ、各地軍官民各階層の人達と意見を交換したが、現地陸軍指導層には排外的思想の強い人も多く、海軍中央部として、如何に処すべきやの問題を携えて旅行を終り、間もなく軍令部第三部長に補せられた。

第十章　軍令部第三部長（大本営参謀）、ついで支那方面在勤

昭和十二年十一月大本営が設置され、私は大本営海軍参謀部の第三部長に任ぜられた。同十三年初頭、揚子江に停泊中の米国砲艦パネー号をわが海軍の飛行機が誤爆するという事件が起って、一時外交上騒然としたことがあったが、この情勢に際して、私自身支那方面に勤務することとなった。即ち同年四月二十五日、支那方面艦隊司令部附となり、ついで中華民国在勤帝国大使館附武官兼臨時海軍特務部長（後に上海在勤海軍武官）を命ぜられ、上海に赴任した。同年七月海軍中将に任ぜらる。

特務部長の任務は支那方面艦隊司令部の分身として、陸上に於ける所要の業務を処理するもので、国際都市たる上海の土地柄に鑑み、軍事封鎖、広報宣伝、第三国人問題の処理、居留民保護等連日多忙を極め、特に第三国人問題には慎重に留意して措置したが、これには先に軍令部出仕として北支方面を視察したことが参考となり、英米等第三国海軍に対し

てはもちろん、現地居留民とも努めて親交を図った。かるが故に上海特別市当局とはもちろん、共同租界当局及び治安維持上特別の立場にあったチンパン頭首などとも常時緊密なる連絡をとった。

また、抗日軍の総指揮官であった蔣介石と連絡をとることの必要を認め、機宜の措置を講じつつもあったが、上海在勤約一年半にして同十四年十一月十五日第三遣支艦隊司令長官に補せられた。上海を離るるに際し、数万の市民が爆竹を打上げて見送ってくれたことは異例のことであったという。

青島在泊の旗艦瑞穂に将旗を掲げ、北支沿岸警備を強化し、時々同区域を巡航し、又旅順、大連などに寄港した。

この時点で支那事変の重点は奥地及び南支方面に移りつつあって、南京・漢口を放棄した抗日軍は、重慶方面に後退しながら、長期戦、二十ヶ年抗戦を呼号し、わが政府も「蔣介石を相手とせず」という声明を発し、事変は愈々迷宮に入るの感を深くした。

昭和十五年四月二十九日、支那事変の功に依り、功三級金鵄勲章、勲一等旭日大綬章を授けらる。

第十一章　三国条約の軍事委員兼海軍視察団長

昭和十五年九月、軍令部出仕兼海軍省出仕となり、三ケ月間準備の後、日・独・伊三国条約に基く混合専門委員会に於ける帝国委員、通称軍事委員として、又同条約に基く軍事視察団の団長として渡欧することとなり、阿部勝雄少将（後中将）と共にシベリア鉄道で西進した。

当時、米英支蘭の四ケ国は、いわゆるＡＢＣＤの包囲網を以て日本に圧力を加え、戦争一歩手前の逼迫した情勢を呈しつつあったが、その緊張した空気を身にあびながら、同十六年一月三日伯林に到着した。

軍事委員たる私の任務は極めて複雑多岐にわたったが、次の八項目を選定して在任中の主なる出来事を回顧することとする。

一、何故に独乙は対英上陸作戦を取止めて対ソ戦に踏み切ったか

われわれが入独した頃は、殆んど毎日のように独逸《ドイツ》空軍はロンドン爆撃を繰り返していた。

四月頃、独乙海軍部の案内で、英仏海峡沿岸を視察したが、入江という入江には多数の上陸用舟艇が繋留せられ、また各要点には長射程砲が配備せられて、海峡横断上陸作戦は、命令一下、その火蓋を切る準備を完了しているように見受けた。

然《しか》し、その前年十一月開かれた独ソ外相会議に於て、独乙は過大の要求を掲げて対立し、モロトフ外相が席を蹴って退場する場面もあって、遂に会議が決裂した経緯もあり、この段階に於て、独乙が後顧の憂いなく対英上陸作戦に踏み切ることは無理であろうとの判断もあり、又、ヒットラーは、諸般の情勢上、対英上陸作戦準備を発令はしたが、之れを決行する意図は持っていなかったとの判断もあり、遂に対英上陸作戦は実施に至らず、独乙はバルカン諸国への電撃進攻作戦を行い、次で鋒先をソ連に転ずる如く、作戦方針を転換したものであると伝えられた。

この頃、恰も独乙の作戦方針と、ソ連を回る国際情勢とが変化せんとしつつあるとき、わが松岡外相の独伊訪問が行われたが、松岡外相は、もちろん協議を受けたであろうが、帰国の途上、突如モスクワに立ち寄って、スターリンと会見し、電光石火、日ソ不可侵条約を締結して帰国した。

松岡外相が急遽日ソ不可侵条約を締結したことの是非、ソ連の出方等に就ては、種々論議を醸したが、ここでは触れないこととする。

二、三国条約及び軍事協定と、わが方並びに敵側の戦争指導

三国条約の目的として、独・伊両国は米国を参戦せしめることなく欧州戦争を終結したい希望であり、わが国としても米国を加入せしめることなく、日支事変を終結せしめたい希望であった。

しかしわが国は、長期にわたって日米交渉を続けたに拘らず、万策尽き、已むを得ず最後の手段として米国に宣戦を布告し、先制攻撃の非常手段として、真珠湾攻撃で火蓋を切らざるを得なかった。

当時伯林に滞在したわれ等は、果して独・伊両国が米国に対し宣戦を布告するであろうかを私《ひそ》かに案じていたが、開戦劈頭《へきとう》の奇襲作戦の成果が余りにも鮮やかで、日本の強さを世界に誇示したため、文句なしにこのことが実現し、三国条約の当初目的の如何に拘らず、日・独・伊三国の対米宣戦によって、名実ともに第二次世界大戦となり、昭和十七年一月初頭、伯林に於て、日・独・伊三国間に軍事協定が締結されるに至った。

協定原案は日本側から提案したが、その概要は、東経七〇度線（カラチとボンベイの中間に当る）を境界として、日本側は太平洋及び印度洋を作戦区域として敵兵力の撃破及び根拠地の覆滅を担当し、独・伊側は東経七〇度線以西の地域を担当する。但し東経七〇度の線は一応の特定線であって、戦術実施上必要あらば、この線に拘らぬことを諒解事項と

日独伊軍事協定調印式　昭和17年1月ベルリン

右端：野村軍事委員（海軍中将）　中央：大島大使
中央後ろ：横井大使館附海軍武官　左端：小松軍事委員兼大使館附陸軍武官

するというものであった。

即ち、日・独・伊は兵力を統合して作戦するのではなく、東西別々に敵情に応じて適時適切に作戦を実施することとし、日・独・伊の各国軍が、この区域内の作戦を誠実に実行することによって協同作戦の効果を期待せんとするものであった。

一方、敵連合国側は、真珠湾に於て米海軍が大損傷を受けた結果、相当長期戦になることを覚悟し、米海軍の再建を見るまでの期間、先づ地中海方面に於て枢軸側の連繋を遮断することを企図し、第一に伊太利《イタリア》を撃破し、次で独逸を屠り、最後に日本に攻撃を集中してこれを潰滅する方針を建て、終末にはソ連をも加入させるべく、連合国側の戦争指導会議を随時、随所に於て開催し、戦略展開を有利にすることに努めた。

この間を通じて、わが枢軸側は歩調必ずしも一致せず、協同作戦の効果も挙らず、これに反し米英は莫大なる軍用資材輸送の協力体制を整え、中共、ソ連などに対しても船舶を供与するなど、着々として成果を挙げつつあったが、その基づくところは、米国の大なる国力であったと想う。

三、日独伊協同作戦の消長

真珠湾とマレー沖に於て米英海軍に一撃を加えた後、私は寸暇を得て阿部少将と共に欧州各地を巡視し、わが国の戦争展開に対する一般の空気を観察したが、多数の識者はこの度の日本の参戦によって戦勝は枢軸側に帰すべしとさえ言っていた。

右旅行に先だって、独逸空軍長官ゲーリング国家元帥と会談した時、同長官は、独空軍は今日迄幾度か英海軍の主力艦を攻撃したが未だ一隻も撃沈し得なかった云々と、日本海空軍の優秀さを賞讃し、又この旅行中、占領下の仏国首相ラバウル氏と会談した時、同首相は、若《も》し日本が欲するならば、マダカスカル島を一時日本海軍の基地に提供してもよろしいとさえ言明した。

かような状況下に於て、独伊海軍としては日本海軍との協同に期待し、日本海軍を頼りにしていたが、独伊側として最初に要望したことは、マダカスカル島（東経四六度）附近を経てスエズ方面に進出しつつある敵連合国軍の大船団を叩いてくれないかということで、その声は極めて真剣なるものであった。

ところが、わが海軍はミッドウェイの作戦に於て航空母艦に大損害を受け、独乙側再三の要望にも拘らず、遂にマダカスカル方面への作戦を考慮するに至らなかったが、恰もこの頃、独乙海軍の作戦責任者であった海軍元帥レーダー大将及び作戦部長フリッケ中将がその職を退く等のことがあり、戦況の変転に関し、無量の感慨を覚えた次第であった。

而も、この頃から伊太利海軍に依るアフリカ方面への補給、特に戦車用燃料の補給が予期の如く進まず、北アフリカに進出したロンメル軍など独伊陸軍部隊も引き揚げざるを得なくなり、遂に独伊両軍各個に撃破されることとなった。

このような情勢を反映して、独伊海軍の日本に対する空気は著しく変化し、世間に於ても「こんなことなら米国に対し宣戦の布告を行うべきではなかった」などの愚痴や非難も耳にするようになり、軍事委員としての私はもちろん、随員達の苦心は言語に絶するものがあった。

かくするうちに、戦局は益々われ等に不利となり、再建なれる米艦隊が太平洋に跳梁するに及んで、わが海軍は潜水艦兵力増強のモデルとして、独海軍から二隻の小型潜水艦の贈与を受けることとなり、野村自身がこれに乗艦して帰国することとなった。幸いに野村搭乗の一隻が日本に安着し、潜水艦の多量生産を実行すべく、私も呉鎮長官を拝命してその促進に努めたことは後述する通りであるが、時既におそく、その成果を発揮することは出来なかった。

四、欧州戦線と真珠湾

これより先、昭和十六年六月、独乙軍は破竹の勢を以てモスクワ目指して進撃したが、作戦開始が計画よりも一ヶ月後れたことと、冬将軍の襲来が例年よりも一ヶ月早かったことが相俟《あいま》って、往年のナポレオン軍にも比すべき大敗を喫し、ヒットラーの企図は大きく挫折した。

然るに、はからざりき、このとき日本海軍は真珠湾に米海軍を奇襲して全世界を驚ろかし、又陸海軍協同して連戦連勝の進撃をつづけたが、ヒットラーはこの日本軍の快進撃に魅せられたかの如く、昭和十七年初期の作戦に於て、モスクワ方面の守りについたソ連軍を北に見つつ、電撃的にセバストポールの要塞を攻略し、スターリングラードを突破すると同時に、伊太利と連合してロンメル軍を編成し、アフリカ北部からスエズ方面を経て中近東に進出せんと計画した。

然し、優勢なるソ連軍を側面において中近東に進出せんとするこの計画に対し反対を唱えた将軍連があり、ヒットラーはこの将軍連を更迭して作戦を強行したとのことであったが、スターリングラードの大敗戦によってヒットラーの企図は又もや大きく挫折し、而もこのことが後日のヒットラー暗殺計画に関連したとも仄聞《そくぶん》した。

その後、われ等外国武官の戦線視察を案内した独乙将校から、ソ連軍が実施した「人海戦術」についての説明を聞いたが、ソ連軍が「人海戦術」と称したものは、実は日露戦争のとき日本軍に学んだ肉弾戦であったと聞き驚ろいた次第であった。

五、独乙空軍

独乙空軍は、ゲーリング元帥を長官とする有力なる組織であったが、内容は、人的構成から見ても陸空軍の性格が濃厚で、海空軍としての素質は乏しかった。

例えば、海上作戦、敵艦船攻撃等に関しては、その観念も能力も極めて低く、英本土に出入する敵潜水艦に対する攻撃も僅かに英仏海峡に限られ、その他一般に海上作戦に対する期待は望み得なかった。

六、屯数戦即ち海上交通破壊戦

第一次大戦に於ては、初期、独潜水艦は商船の航路上に待機して、海上交通破壊戦に成果を挙げ、連合国側を震駭《しんがい》せしめたが、後期に至っては、英・米・日等の逆封鎖を受けて遂に手をあげるに至った。

第二次大戦に於ても独潜水艦は、初期、前大戦と同様の成果を挙げ、いわゆるトン数戦と称せらるる如く、独潜水艦の餌食となる船舶量一ケ月平均六十乃至七十万屯に達し、若し日本潜水艦の協力をも得るならば、英米を屈伏せしめることも難からずと豪語する声も耳にした。が然し、独伊の期待に反し、アフリカ東岸に於ける日本潜水艦の協力は実現せず、一方敵側は、対潜避退行動を研究工夫し、且つ優秀なる対潜電波探知器を以てする積極的対潜攻撃戦法を案出し、ために独潜水艦による戦果は急速に減退した。

このように、わが方潜水艦の行動が封殺されるに至った原因は、重ねて言うが、当時の潜水艦の宿命的欠陥であった低速力と、電波兵器の開発におくれをとったことによるものであって、わが方潜水艦は夜間水上行動をも制約されて敵船団の前程に進出することすら困難となり、また敵船舶に近接することも至難となった。而も、優秀なる電波兵器を装備した敵側潜水艦は、速力の不利にも拘らず、わが方の艦艇及び船舶を襲撃して大いにその成果を挙げ、戦況を逆転するに至った。

戦後二十数年を経た今日、原子力潜水艦が出現して水中速力も二十乃至三十節まで高速化し、幾十日もの連続潜航も可能となり、且つ中距離弾道ミサイルをも装備しつつあることは驚くべきことで、将来潜水艦が海上兵力の王座に就かんとしつつあることは疑いもなく、この発達せる技術を以て国防の充実を図るべき時に際し、わが国が原子力活用の施策におくれ、非核三原則に拘泥していることは果してどんなものであろうか、われ等老輩として感慨なきを得ぬ次第である。

七、日独技術提携

日独伊三国軍事委員兼軍事視察団長という名刺を持って、私が阿部少将と一緒に伯林に着いたのは、日米開戦に先立つこと約一年であった。視察団員の中には、技術専門の第一人者が多く、所期の視察を終えたら早急に帰国すべき内命をうけていた。特に電波兵器関係の専門家は視察終了次第帰国して、兵器の開発に従事すべき人達であったので、私は団長として、技術諸官の帰国方法については特に配慮し、且つ日独間潜水艦による輸送の幸便毎に、数々の物品や図面等の托送を図った。が不運にも托送した潜水艦が途中撃沈されて、貴重なる資料、物件を消失したもの多く、幸いにして無事東京に着いたものがあっても時既におそく、終戦迄にこれを実用化するには至らなかった。

顧みて、今次大戦の戦局を左右した最も重要なる電波兵器の入手、輸送等に関連し、日本及び独乙潜水艦乗員中、制空制海権を敵に奪われた真只中に、北海から遠くアフリカを回り、印度洋を経て幾十日の航海に苦心しつつ、これに成功された乗員諸君には心からの敬意を表すると同時に、不幸にして途中敵の攻撃に遇い海没された英霊に対し、ここに更めて深甚なる弔意と感謝とを捧げる次第である。

八、日本陸海軍特使

昭和十七年の対ソ決戦に失敗した独乙は、翌十八年の初期にも挽回作戦として第三回対ソ決戦の準備を進めていたが、その頃特派された米国新鋭軍の欧州上陸により腹背両面に強敵を受けるという危局に追い込まれていた。

丁度その頃、昭和十八年四月、岡本陸軍少将を長とする小野田海軍大佐などの軍事特使が伯林に到着した。

特使は日本大本営の意向を携え、在独陸海軍武官並に大使館と緊密なる打合せを行い、日本陸海軍の特使として独乙側との交渉に当り、出来得べくんば独乙軍の挽回作戦、戦勢の建て直しについて協議することとなった。

然し何分にも、軍事特使が伯林に到着したのは四月であって、五月の雪解け時機が作戦の転換期である関係上、日本側にどんな名案があるにせよ、五、六ヶ月の余裕を以て準備せねばならぬ作戦転換を図るには時機已《すで》におそく、最早如何ともなし難きに至っていた。

而も私は欧州滞在を免ぜられて帰国の内命に接し、潜水艦U五一一号他一隻の回航準備に没頭していたので、軍事特使との折衝要務は阿部中将に委ねた。但しこの間に於ても、独乙海軍部及び独乙大本営作戦部との折衝に努め、ヒットラー総統の招待を受けてベルヒテスガーデンに至り、カイテル幕僚長同席の上、総統に対し、対英上陸作戦に関する所見を述べ、又対ソ作戦に関し日本軍が広大なる支那大陸の攻略と占領地処理に苦労したことなどを説明したが、昭和十八年五月十日、私は杉田軍医少佐（航海中、中佐に進級の電報を受けた）と共に独潜U五一一号に搭乗して、仏国ブルターニュ半島南岸のロリアン港を出港して帰国の途に就いた。

第十二章　独潜U五一一号回航と帰朝報告

一、独潜U五一一号回航

仏国ロリアン港を出港して、ポルトガルの西方六百浬《かいり》のアゾレス群島（北緯三八度 西経二八度）附近まで、水上、水中を問わず日夜敵機の爆撃に晒《さら》され、夜間といえども潜航避退を余儀なくされながら約二週間を費してこの危険海域を脱出することに成功したが、このとき、武運なお我に在りの感を強くした次第であった。

アゾレス群島附近を過ぎてようやく水上航行が可能となり、伯林よりの電報受信が出来て、チュニスの防守が崩れたこと、伊太利がバドリオ政権によって降伏したことを知り、更に大西洋を南下するに従い、アッツ島に於けるわが将兵の玉砕及び南太平洋に於ける山本連合艦隊司令長官戦死の悲報にも接し、欧亜戦局の変転、勝敗の分水嶺上を南下しつつあるの感にて、まことに悲壮切実なものがあった。

ロリアン港を出港して約一ヶ月の後、遥かなる洋上の秘密地点に至り、ここに待機した独乙補給潜水艦から燃料と糧食の補給を受けて印度洋に入った。印度洋では敵船二隻を雷撃々沈し、発航約二ヶ月後の昭和十八年七月十五日ペナン港外に仮泊、翌十六日敷設艦初鷹の先導を受けて港内に投錨した。顧みれば大変な難航海であって、まことに感無量なるものを覚えた。

ペナン港で、独乙乗員から日本乗員への引渡しの儀式を行い、艦名をロ号第五〇〇潜水艦と改められた。この潜水艦は日本海軍の乗員によって同年七月二十四日呉に向けペナン発、無事日本に回航された。

因《ちな》みに、U五一一号艦長は、独乙海軍シュネーヴィン大尉で、部下の信望厚く、操艦技倆優秀で、この至難なる回航作業を無事達成した手並はまことに天晴れであった。その後同大尉は潜水艦長として印度洋で活躍したが遂に名誉の戦死を遂げられたと仄聞した。戦争の然らしむるところではあるが惜しい人物であった。

私は特別に仕立てられたダグラス機でペナンを立ち東京に帰着した。その日は真夏の七月二十四日であった。

開戦の前年、昭和十五年十二月東京を離れてから二年七ケ月、しかも戦況愈々不利になりつつあるとき東京に帰って、軍部には緊迫感あり、一般国民にも悲壮なまでの緊張感をひしひしと感じた。

同年八月四日、軍事参議官に親補された。滞京約二ヶ月、その間大本営その他各方面に報告し、畏くも天皇陛下に拝謁するの光栄に浴し、親しく見聞した欧州の戦況等を奏上した。

二、帰朝報告

伯林在任中は業務繁忙を極め、帰朝報告を整えることが出来なかったので、U五一一号乗艦中折々に報告書をまとめた。時には洋上遥かに航海中、時には四十五度も動揺するかと思われる潜水艦内での作業であった。

この度の特別任務は、前後三年にわたり、関係するところ複雑多岐で、報告事項の整理は難かしかったが、戦況、政治、経済、思想等全般にわたる諸問題について詳述した。海軍中央部で述べた報告には二日間を要し、枢密顧問官及び各省の勅任官以上約五百名に対し、又財界の首脳部に対し、欧州の戦況と共に、人と物との国家総力戦あるいは学生動員の必要性等に関して述べたが、総動員下の独乙から帰って、日が経つにつれて驚ろいたことは、多くの青年が銀ぶらなどをすると聞いたことであった。

第十三章　呉鎮長官、海軍大臣

一、呉鎮守府司令長官

昭和十八年十月、呉鎮守府司令長官に親補された。

呉鎮守府に着任後は、本務の遂行はもちろん、世界に誇る大工廠を活用して、独乙潜水艦をモデルとする潜水艦の多量生産と、最新式ダイムラーベンツの三千馬力エンジンを搭載する高速内火艇の量産とに努力した。

このダイムラーベンツのエンジンは、独乙大本営参謀総長カイテル元帥に懇望し、野村の帰国に際し、日本海軍へのお土産として受理したものであった。されば私は、これを多量生産に移すため、艦政本部その他の関連部門に協力を要請したが、これに必要なる金属材料、部品等が欠乏して私の期待は裏切られ、失望落胆、実に言語に絶するものがあった。

かかる折柄、わたくしは昭和十九年三月一日附海軍大将に親任されて感激した。

二、東京からの招電

昭和十九年七月十六日、突如として海軍大臣からの招電に接して急いで空路出発し、着京後海軍省に出頭し、嶋田海軍大臣に面接したところ、「私嶋田は海軍大臣と軍令部総長を一人で兼ねているが、この度それが出来ないことになったので、あなた野村大将を大臣候補として招電した」とのことで、一通りの事情を承り、早速永野修身元帥に会う様にとのことで元帥邸に参上した。

元帥は、待っていたと言わんばかりに私を迎えられ、早速であるが東条総理に面接してくれとて、電話器に手をかけられた。

「待って下さい」と申し上げ、「私は只今海軍大臣に会って一応の話を承ったばかりで、全く寝耳に水で、今直ちに東条総理にお会いすることは困ります」と申し上げたが、問題は緊急を要する事態であるから、兎に角総理に会ってくれと懇望切なるものがあったので、自ら無理と知りつつ、自動車の中で色々考えながら、総理官邸に入った。

総理は待っていたと言わんばかりの表情で迎えられ、早速入閣の話となった。総理は、戦局逼迫した折柄、陸海軍の協力一致を一層鞏固《きょうこ》にするため、大臣と総長とを兼務することがよいと考え、そのように取計っていたが、これが政治問題となったので、海軍大臣を更迭せざるを得なくなった、とその事情を話され、海軍大臣の後任者云々と述べ、いかにも野村に於ては、已に大臣を受諾しておるかの如き発言であった。そこで私は、先程車中で考えた思いつきながら、

一、あなたの内閣は、私のような地方から上京して来たものの耳にも評判がよろしくな

い。

二、特に陸海軍間の協同がしっくり行っていない。

三、私は最近独乙から帰国しましたが著しく目につくことは、日本の戦争指導は事毎に後手に回っている感が深い。よって政府と大本営との間の連絡会議を活用しなければいけない、これがための強い方策を必要とする。

尚陸海軍協同の実を挙げるには、天皇の御座所を中心として、大本営の陸海軍部を一ケ所に置くことが望ましい。

など申し述べたところ、総理はすべてに賛意を示されたので、今更お断りすることも出来ず、伏見元帥宮殿下のお意向をお伺い致したく、一夜の猶予を乞うて別れた。

翌早朝、熱海の宮邸に参向して拝謁をお願いし、一切について御報告申し上げた。殿下より、ご苦労だがしっかり頼むとのお言葉を賜わったので、帰京して十七日午後親任式と相成り、従三位に叙せられた。

三、米内大将との会見

親任式を終えた夜、米内大将と会見する機会を得、会談数刻に及んだ。

私の意見としては、わが海軍部内には、捺印回しという弊風があって、緊急を要する中央指令も後手後手となりがちである。これが対策としては、大本営、政府間の連絡を緊密化することが肝要である。これがためにも、出来得れば米内大将に内閣の一員として加わって頂き、戦時内閣としての施策を推進して頂きたいと、繰り返し懇請したが、米内大将は、自分としては今のところ東条総理にはどうしても協力出来ないので入閣の意志はない。それよりも先ずは海軍部内の団結と協力を更に強化する必要があろう、それがためには、自分と末次大将を出仕でもよろしいから、自分は海軍大臣を補佐し、末次大将は軍令部総長を補佐する機構を作るようにと強く主張された。私は「若しその必要を認めましたらば考えましょう」と述べてお別れした。

四、海軍大臣

海軍大臣に就任と同時に部内に対し、戦況逼迫した重大時局に際し、上下協力一致、団結して難局を打開すべきを訓示し、日本国民一般に対しては、記者団を通じ次の要旨を述べた。

本日海軍大臣として御親任を頂きました。今度の大臣更迭は、太平洋に於ける戦局、特に決戦の時に再会し、諸事即決即応すべき重大時局に対処するためのものであります。帝国海軍としましては、海軍大臣と軍令部総長はそれぞれの使命と任務を遂行するため兼務をやめ、速《すみやか》に海軍諸般の態勢を樹て直し、決戦の突破に邁進する決意であります云々。

七月十八日に至り、政情は急転し、さすがの東条総理も遂に内閣の投出しを決意した。

この間、私が承知したところでは、総理は重臣層に依頼して、二名の入閣を懇望したが重臣層の諒解を得られず、已むなく辞任に踏みきったとのことである。

最後の閣議に臨んでの総理の挨拶は、昨日新海軍大臣の就任を見たばかりであるが……と前提して、
本内閣としては既定方針に従い、海相の更迭、大臣と総長の分離を行い、重臣層からの入閣若しくは内閣参議としての参画などを求め、或は政治顧問を置くなど、現内閣の補強強化に努力を傾注したのであるが、主として重臣層の反対に遇い、援助を得られなくなり、総辞職を決意するに至った云々。

と述べ、直ちに閣員の辞表を取り纏められた。

かくして、陛下より重臣層への御下問があり、大命は小磯陸軍大将と米内海軍大将に降下した。但し、米内大将は総理として現役に復して、海軍大臣に任ずることが、御上の御内意であるとの主旨が右両氏から伝えられた。

そこで私は、予備役の米内大将を現役に復することは、問題極めて重要であるに鑑み、軍事参議官その他海軍首脳部とも慎重審議の上、特別拝謁を賜わったなどのことを経て、七月二十一日附にて海軍大臣を辞任し、七月二十二日軍事参議官に親補された。

海軍大臣を拝命して五日目に免ぜられるということになったが、永野元帥は私を招致され、

「貴君の大臣在任は極めて短時日ではあったが、海軍としては歴史上最悪の時機に際会したもので、大臣としての大役は果したものと認める、腐心することなきように」と慰められた。

第十四章　横鎮長官、海上護衛長官、海運総監、待命

昭和十九年八月二日横須賀鎮守府司令長官兼海上護衛司令長官に親補されたが、同年九月十五日、海上護衛司令長官に親補せられ、この任務に渾身の努力を傾注することとなった。

翌二十年五月、海上護衛の任務は連合艦隊で直轄されることとなって、私は軍事参議官兼海運総監というわが国の船舶一切の統一指揮を掌《つかさど》る新役職に親補された。

この統合司令部は参謀本部内に設置せられ、国内船舶の運営、運航を総て統制しつつ戦局に対処していたが、遂にポツダム宣言を受諾することとなり、敗戦を迎えた。

昭和二十年九月一日海運総監を免ぜられ、九月五日戦訓調査委員会委員長を命ぜられたが、同年十月十日待命《たいめい》、同十五日予備役仰せ付けられ、正三位に叙せられ、昭和二十一年海軍将校分限令の廃止とともにわたくしの海軍生活を終った。

第四編　結　言

過去一世紀に近い私の生涯は、変転極まりない世界に生を承け、さまざまな経験を経て今日まで生きたので、このご恩返しとして、わたくしの経歴をたよりに自叙して、既往を回顧した次第である。

本記述を終るに際し、痛恨に堪えぬことは一つには私の生涯をかけた海軍は今や無く、連日連夜猛訓練を重ねて世界に誇った連合艦隊も殆んど全滅の憂き目に遇ったこと。二つにはわが国がこの度の戦争に一敗地にまみれたりとは言え、日本国民が日本精神を忘却したのではないかとの声すらも聞えることである。希《こいねがわ》くば、戦後既に三十年を経過した今日、混濁の世を善導美化することは出来ないものであろうか。

茲《ここ》に私は「世界平和」を終局の目標とし、差し当っては、わが日本国民の歴史と伝統に継承された「大和魂」の再興を念願し、日本人としての魂の復興と、日本人が挙《こぞ》って参加できる国民運動の展開せられんことを提唱し、その実現を希いつつ擱筆《かくひつ》するものである。

（終）

〈解説〉

キーポイントにいた提督

大木　毅

第二次世界大戦で日独伊が締結した三国同盟は、戦争の現実に直面するや、その実体が無きにひとしいことを露呈した。日本とドイツは「世界強国《ヴェルトマハト》」の地位を獲得するため、互いを利用することに汲々《きゅうきゅう》としたけれども、戦争目的についての本質的な合意には至らず、したがって、政戦略上の目標統一やそれに関する譲歩もなされなかった。グローバルな戦略の協議・策定、リソースの相互提供、数度にわたる首脳陣の頂上会談までも実現させた米英ソの連合とは対照的である。

当該時期の日独関係について先駆的な研究を発表したアメリカの歴史家ジョハンナ・M・メスキルが、その著書の副題に「空虚なる同盟」と付したのもゆえなきことではなかったのだ (Johanna Menzel Meskill, *Hitler and Japan: The Hollow Alliance*, New York, 1966)。

しかしながら、政戦略的に同盟の実を挙げられなかったことは、日独両国が作戦・戦術次元、あるいは軍事テクノロジーの交換などにおいて、まったく協力しなかったことを意味するわけではない。

一九四一（昭和十六）年十二月八日の日米開戦を受けて、ドイツは同月十一日に対米宣戦布告を行うとともに、日本ならびにイタリアとの単独不講和条約（締約国の同意なしに連合国すべて、もしくはその一国と単独講和に踏み切ることはしないと約した）に調印した。翌一九四二（昭和十七）年一月十八日には日独伊三国軍事協定が結ばれ、軍事・経済上の協力が義務づけられる。この協定のもと、最新技術の相互提供、インド洋での協同通商破壊作戦、長距離航空機や潜水艦による日独伊の連絡の試みなど、さまざまな軍事行動が展開されたわけであるが、こうした枢軸側の協力を討議・調整するため、日独伊混合専門委員会が置かれた。

その混合専門委員会の日本海軍首席委員として、ドイツ国防軍最高司令部統帥幕僚部長アルフレート・ヨードル上級大将やドイツ海軍作戦部長クルト・フリッケ大将らと渡り合ったのが（いずれも最終階級、以下同様）、本書の著者野村直邦《のむらなおくに》である。

もっとも、野村が活躍したのは、日独関係の舞台ばかりではない。一九四三（昭和十八）年にドイツ潜水艦U-511（のち日本海軍に譲渡され、「呂号第五百潜水艦」と命名される）で帰国した野村は、東條英機《とうじょうひでき》内閣最末期に海軍大臣に就任し、その瓦解のさまをつぶさに見たり、その後は日本海運の防衛に責任を負う海上護衛司令長官に補せられるなど、さまざまに重要な局面に居合わせている。つまり、連合艦隊司令長官山本五十六《やまもといそろく》大将や同小沢治三郎《おざわじさぶろう》中将、軍令部総長永野修身《ながのおさみ》大将（元帥）といった海軍軍人に比べれば、知名度は落ちるかもしれないが、彼らに負けず劣らずの枢要な地位にあった人物といえよう。

いわば、野村は太平洋戦争のキーポイントにいた提督なのである。

その回想はおのずから興味をそそるものでもあり、歴史資料としても然《しか》るべき価値を有するものであるが、本書に収録されたそれらの文章の読みどころを解説する前に、野村の生涯について概観しておこう。

野村直邦は、一八八五（明治十八）年に鹿児島の農家の二男坊に生まれた。鹿児島一中（旧制）を経て、一九〇七（明治四十）年海軍兵学校を卒業して（三十五期）、翌年少尉に任官した。専門は水雷である。一九一八（大正七）年には高級指揮官の養成機関である海軍大学校に入学、一九二〇（大正九）年に卒業して、出世の地歩を固めた。以後はエリートコースを順調に歩み、駐独海軍武官、巡洋艦「羽黒《はぐろ》」艦長、航空母艦「加賀《かが》」艦長、第二潜水戦隊司令官、連合艦隊参謀長などの要職を歴任、一九三八（昭和十三）年には中将に進級している。この階級で一九四〇（昭和十五）年にドイツに赴任した。任務は日本海軍の技術視察団団長と、三国同盟にもとづく独伊との戦時共同行動の検討であった。それが日独伊の対米開戦を受けて、先に触れた日独伊混合専門委員会帝国委員に補せられたわけだ。

　一九四三年にドイツから日本に向かう潜水艦U‐５１１に便乗して帰朝した野村は、呉鎮守府司令長官を経て、一九四四（昭和十九）年には大将に進級、東條内閣末期に数日だけだが、海軍大臣に就任した。以後、横須賀鎮守府司令長官、海上護衛司令長官などを務め、敗戦を迎えた。長命に恵まれ、一九七三（昭和四十八）年没。享年八十八であった。

　本書には、野村がその長い戦後の折々に触れて書き記した文章のうち、歴史史料として重要と思われるものが収録されている。なかでも、『潜艦U‐５１１号の運命　秘録・日独伊協同作戦』（初版は一九五六年に読売新聞社より刊行）は、その記述の詳細さから、おそらくは野村の日記やメモ、戦後も手元に残していた当時の文書などをもとにしているものと思われ、資料的価値は非常に高い。また、総統アドルフ・ヒトラーをはじめとする歴史的個性とじかに接した経験の記述は、専門家ならずとも、おおいに興味深いものがあろう。

　また、『潜艦U‐５１１号の運命』をより深く理解するための補助線として、当時の日本海軍が享受《きょうじゅ》していたドイツ側の尊敬について指摘しておきたい。これらは、たとえば、日本海軍の元士官たちによる議論の記録（戸高一成編『[証言録]海軍反省会』、全十一巻、

PHP研究所、二〇〇九〜一八年）や、かつてドイツに駐在していた海軍士官たちの手記などにしばしば述べられていることだが、ドイツ海軍は、先進海軍としての日本海軍に敬意を抱いており、いわば一目置いて「師事」するかのごとき姿勢を取っていたのであった。それによって、ドイツ海軍との協同はスムーズに進められたというのが、おおかたのドイツ駐在経験のある日本海軍士官の感想である。そのような雰囲気は、『潜艦U-511号の運命』のそこかしこにもみられるだろう。

やや話題がそれるけれども、こうした旧ドイツ海軍の日本海軍への親愛感と交流は戦後も続いていたようで、筆者の手元にある「海軍伯林会《べるりん》」（ドイツ勤務を経験した旧日本海軍関係者の戦友会）の文書には、第二次世界大戦後半のドイツ海軍総司令官にして、ヒトラーの後継者として戦争末期に総統になったカール・デーニッツ元帥の手紙が含まれている。

ちなみに、この『潜艦U-511号の運命』の背景となっている歴史に関する適当な研究書としては、古典的なベルント・マルティンの『第二次世界大戦における日本とドイツ一九四〇〜四五年　真珠湾攻撃からドイツ降伏まで』（Bernd Martin, *Deutschland und Japan im Zweiten Weltkrief 1940-1945. Vom Angriff auf Pearl Harbor bis zur deutschen Kapitulation*, Göttingen, 1969. 未訳）ならびに、工藤章／田嶋信雄編『日独関係史　一八九〇―一九四五　Ⅱ　枢軸形成の多元的力学』（東京大学出版会、二〇〇八年）を挙げておく。

続く「東條内閣崩壊の真相」は、『サンデー毎日』一九五〇年九月三日号に野村が寄せた手記である。すでに述べたごとく、野村は、東條内閣末期に、海軍の内外から信頼を失った嶋田繁太郎大将の後を襲い、海軍大臣に就任している。ただし、これはサイパン失陥による東條内閣倒壊から小磯國昭《こいそくにあき》内閣成立までの政変によって「三日天下」に終わり、すぐに米内光政大将に大臣の座を譲ることになった。そうした内側の視座から観察を加えた、生々しい記録といえる。

最後の『自叙　八十八年の回顧』は、野村の最晩年に執筆され、亡くなった翌年の一九七四年に私家版として刊行された自伝である。必ずしも、驚くべき事実を死を目前にして告白するというようなことが書かれているわけではないものの、人となりがつかみにくい（ただし、部下を掣肘《せいちゅう》したりはしない、自由放任の日本型指揮官だったらしく、しばしば「薩摩の西郷さん」にたとえられている）野村直邦の伝記的な事実を確認するには不可欠の史料であろう。

なお、本書に収録した以外の野村直邦の著作・談話には、つぎのようなものがある。

『大戦の教訓に思う世論改憲の是非』（私家版か？　一九六五年）

『世界大戦の教訓と憲法』（『世界大戦の教訓と憲法』普及後援会、一九六六年）
『第二次大戦に学ぶもの』（『第二次大戦に学ぶもの』出版普及後援会、一九六七年）
右三点は、政治論、時事評論。
「元海軍大将　野村直邦」（水交会編『帝国海軍　提督達の遺稿　小柳資料』上巻、水交会、二〇一〇年）
水交会嘱託小柳富次中将による海軍軍人インタビューの一編。

（おおき　たけし／現代史家）

『潜艦U-511号の運命――秘録・日独伊協同作戦』一九五六年六月　読売新聞社

編集付記

一、本書は『潜艦U・511号の運命——秘録・日独伊協同作戦』（一九五六年六月　読売新聞社）を底本として文庫化したものである。文庫化にあたり、「東條内閣崩壊の真相」（「サンデー毎日」一九五〇年九月三日号）、『野村直邦自叙　八十八年の回顧』（一九七四年三月私家版）を増補した。

一、底本中、明らかな誤植と考えられる箇所は訂正し、難読と思われる語には新たにルビを付した。ただし、本文中の地名などは刊行時のままとした。

一、本文中、今日の人権意識に照らして不適切な語句や表現が見受けられるが、著者が故人であること、執筆当時の時代背景と作品の文化的価値に鑑みて、底本のままとした。

中公文庫

潜艦《せんかん》U-511号《ユーごひゃくじゅういちごう》の運命《うんめい》
——秘録《ひろく》・日独伊《にちどくい》協同作戦《きょうどうさくせん》

2023年2月25日　初版発行

著　者　野村《のむら》 直邦《なおくに》

発行者　安部 順一

発行所　中央公論新社
〒100-8152　東京都千代田区大手町1-7-1
電話　販売 03-5299-1730　編集 03-5299-1890
URL https://www.chuko.co.jp/

ＤＴＰ　嵐下英治
印　刷　三晃印刷
製　本　小泉製本

Published by CHUOKORON-SHINSHA, INC.
Printed in Japan　ISBN978-4-12-207326-5 C1121

各書目の下段の数字はＩＳＢＮコードです。978－4－12が省略してあります。

中公文庫既刊より

S-25-1
シリーズ 日本の近代 逆説の軍隊 戸部良一
近代国家においてもっとも合理的・機能的な組織であるはずの軍隊が、日本ではなぜ〈反近代の権化〉となったのか。その変容過程を解明する。
205672-5

あ-1-1
アーロン収容所 会田雄次
ビルマ英軍収容所に強制労働の日々を送った歴史家の鋭利な観察と筆。西欧観を一変させ、今日の日本人論ブームを誘発させた名著。〈解説〉村上兵衛
200046-9

い-13-5
生きている兵隊（伏字復元版） 石川達三
戦時の兵士のすがたと心理を生々しく描き、そのリアリティ故に伏字とされ発表された、戦争文学の傑作。伏字部分に傍線をつけた、完全復刻版。
203457-0

い-61-3
戦争史大観 石原莞爾
使命感過多なナショナリストの魂と冷徹なリアリストの眼をもつ石原莞爾。真骨頂を示す軍事学論・戦争史観・思索史的自叙伝を収録。〈解説〉佐高　信
204013-7

い-65-2
軍国日本の興亡 日清戦争から日中戦争へ 猪木正道
日清・日露戦争に勝利した日本は軍国主義化し、国際的に孤立した。軍部の独走を許し国家の自爆に至った経緯を詳説する。著者の回想「軍国日本に生きる」を併録。
207013-4

い-103-1
ぼくもいくさに征くのだけれど 竹内浩三の詩と死 稲泉連
映画監督を夢見つつ23歳で戦死した若者が残した詩は、戦後に蘇り、人々の胸を打った。25歳の著者が、戦場で死ぬことの意味を見つめた大宅壮一ノンフィクション賞受賞作。
204886-7

い-108-6
昭和16年夏の敗戦 新版 猪瀬直樹
日米開戦前、総力戦研究所の精鋭たちが出した結論は「日本必敗」。それでも開戦に至った過程を描き、日本的組織の構造的欠陥を衝く。〈巻末対談〉石破　茂
206892-6

い-108-7
昭和23年冬の暗号
猪瀬　直樹
東條英機はなぜ未来の「天皇誕生日」に処刑されたのか。敗戦国日本の真実に迫る『昭和16年夏の敗戦』完結篇。新たに書き下ろし論考を収録。〈解説〉梯久美子
207074-5

い-130-1
幽囚回顧録
今村　均
部下と命運を共にしたいと南方の刑務所に戻った「聖将」が、理不尽な裁判に抵抗しながら、太平洋戦争を顧みる。巻末に伊藤正徳によるエッセイを収録。
206690-8

い-131-1
真珠湾までの経緯　海軍軍務局大佐が語る開戦の真相
石川　信吾
太平洋戦争へのシナリオを描いたとされる海軍軍人が語る日米開戦秘話。日独伊三国同盟を支持し対米強硬を貫いた背景を検証。初文庫化。〈解説〉戸髙一成
206795-0

う-9-7
東京焼盡《しょうじん》
内田　百閒
空襲に明け暮れる太平洋戦争末期の日々を、文学の目と現実の目をないまぜつつ綴る日録。詩精神あふれる稀有の東京空襲体験記。
204340-4

お-2-13
レイテ戦記（一）
大岡　昇平
太平洋戦争の天王山・レイテ島での死闘を再現した戦記文学の金字塔。巻末に講演「『レイテ戦記』の意図」を付す。毎日芸術賞受賞。〈解説〉大江健三郎
206576-5

お-2-14
レイテ戦記（二）
大岡　昇平
リモン峠で戦った第一師団の歩兵は、日本の歴史自身と戦っていたのである——インタビュー「『レイテ戦記』を語る」を収録。〈解説〉加賀乙彦
206580-2

お-2-15
レイテ戦記（三）
大岡　昇平
マッカーサー大将がレイテ戦終結を宣言後も、徹底抗戦を続ける日本軍。大西巨人との対談「戦争・文学・人間」を巻末に新収録。〈解説〉菅野昭正
206595-6

お-2-16
レイテ戦記（四）
大岡　昇平
太平洋戦争最悪の戦場を鎮魂の祈りを込め描く著者渾身の巨篇。巻末に「連載後記」、エッセイ「『レイテ戦記』を直す」を新たに付す。〈解説〉加藤陽子
206610-6

各書目の下段の数字はISBNコードです。978－4－12が省略してあります。

お-47-3
復興亜細亜の諸問題・新亜細亜小論　大川周明
チベット、中央アジア、中東。今なお紛争の火種となっている地域を「東亜の論客」が第一次世界大戦後の〈復興〉という視点から分析、提言する。〈解説〉大塚健洋
206250-4

お-98-1
統帥乱れて　北部仏印進駐事件の回想　大井篤
北部仏印への武力進駐強行を企てる現地陸軍と、絶対反対の遣支艦隊司令部の確執を綴る迫真の記録。半藤一利による著者インタビューを付す。〈解説〉大木毅
207227-5

き-46-1
組織の不条理　日本軍の失敗に学ぶ　菊澤研宗
個人は優秀なのに、組織としてはなぜ不条理な事をやってしまうのか？　日本軍の戦略を新たな経済学理論で分析、現代日本にも見られる病理を追究する。
206391-4

き-46-2
命令の不条理　逆らう部下が組織を伸ばす　菊澤研宗
日本の組織に必要なのは、勇気ある部下の「命令違反」と、それを許容するマネージメントだった！『組織の不条理』への解答篇。『命令違反』が組織を伸ばす』改題。
207280-0

き-46-3
戦略の不条理　変化の時代を生き抜くために　菊澤研宗
戦略は「合理的に失敗する」。ならば、どうすれば良いのか？　歴史上の軍事戦略を手がかりとして、現代を組織が生き抜くための多元的な経営戦略を提案する。
207293-0

く-30-1
ラバウル戦線異状なし　現地司令長官の回想　草鹿任一
激戦下の南太平洋において落日無援の孤城を守り抜き、自給自足で武器と食糧を調達、最後まで航空戦を指揮した名将の回顧録。初文庫化。〈解説〉戸高一成
207126-1

く-31-1
連合艦隊　参謀長の回想　草鹿龍之介
航空戦の時代を予見、参謀長として真珠湾、ミッドウェー、南太平洋海戦、あ号作戦を指導、艦橋内の確執を入り混ぜ奮戦と壊滅の真相を描く。〈解説〉戸高一成
207137-7

さ-72-1
肉弾　旅順実戦記　櫻井忠温
日露戦争の最大の激戦を一将校が描く実戦記。各国で翻訳され世界的ベストセラーとなった名著を百余年を経て新字新仮名で初文庫化。〈解説〉長山靖生
206220-7

し-10-5
新編 特攻体験と戦後
島尾敏雄
吉田満
戦艦大和からの生還、震洋特攻隊隊長という極限の実体験とそれぞれの思いを二人の作家が語り合う。関連するエッセイを加えた新編増補版。〈解説〉加藤典洋
205984-9

し-45-1
外交回想録
重光葵
駐ソ・駐英大使等として第二次大戦への日本参戦を阻止するべく心血を注ぐが果たせず。日米開戦直前まで約三十年の貴重な日本外交の記録。〈解説〉筒井清忠
205515-5

し-45-2
昭和の動乱（上）
重光葵
重光葵元外相が巣鴨獄中で書いた、貴重な昭和の外交記録である。上巻は満州事変から宇垣内閣が流産するまでの経緯を世界的視野に立って描く。
203918-6

し-45-3
昭和の動乱（下）
重光葵
重光葵元外相は巣鴨に於いて新たに取材をし、この記録を書いた。下巻は終戦工作からポツダム宣言受諾、降伏文書調印に至るまでを描く。〈解説〉牛村 圭
203919-3

と-18-1
失敗の本質 日本軍の組織論的研究
戸部良一／寺本義也／鎌田伸一／杉之尾孝生／村井友秀／野中郁次郎
大東亜戦争での諸作戦の失敗を、組織としての日本軍の失敗ととらえ直し、これを現代の組織一般にとっての教訓とした戦史の初めての社会科学的分析。
201833-4

と-28-1
夢声戦争日記 抄 敗戦の記
徳川夢声
活動写真弁士を皮切りに漫談家、俳優としてテレビ・ラジオで活躍したマルチ人間、徳川夢声が太平洋戦争中に綴った貴重な日録。〈解説〉水木しげる
203921-6

と-28-2
夢声戦中日記
徳川夢声
花形弁士から映画俳優に転じ、子役時代の高峰秀子らと共演した名優が、真珠湾攻撃から東京大空襲に到る三年半の日々を克明に綴った記録。〈解説〉濵田研吾
206154-5

と-31-1
大本営発表の真相史 元報道部員の証言
冨永謙吾
「虚報」の代名詞として使われ、非難と嘲笑を受け続ける大本営発表。その舞台裏を、当事者だった著者が関係資料を駆使して分析する。〈解説〉辻田真佐憲
206410-2

各書目の下段の数字はISBNコードです。978-4-12が省略してあります。

と-32-1
最後の帝国海軍 軍令部総長の証言
豊田副《そえ》武《む》
山本五十六戦死後に連合艦隊司令長官をつとめ、最後の軍令部総長として沖縄作戦を命令した海軍大将が残した手記、67年ぶりの復刊。〈解説〉戸髙一成
206436-2

と-35-1
開戦と終戦 帝国海軍作戦部長の手記
富岡定俊
作戦課長として対米開戦に立ち会い、作戦部長として戦艦大和水上特攻に関わった軍人が、日本海軍の作戦立案や組織の有り様を語る。〈解説〉戸髙一成
206613-7

な-48-2
一九四五年夏 最後の日ソ戦
中山隆志
ポツダム宣言を受諾し武装解除を進める日本軍に、ソ連軍が襲い掛かった。孤軍奮闘した守備隊の知られざる戦いの記録。〈解説〉庄司潤一郎・花田智之（防衛研究所）
207285-5

に-16-1
國破れてマッカーサー
西鋭夫
永久平和と民主主義なる甘い言葉と引き換えに日本人の「誇り」を扼殺し、憲法第九条の中に埋葬したマ元帥。その占領政策を米側の極秘資料を駆使して解明。
204556-9

の-2-3
海軍日記 最下級兵の記録
野口冨士男
どこまでも誠実に精緻に綴られた、横須賀海兵団で過ごした一九四四年九月から終戦までの日々。戦争に行くはずのなかった「弱兵」の記録。〈解説〉平山周吉
207080-6

の-3-13
戦争童話集
野坂昭如
戦後を放浪しつづける著者が、戦争の悲惨な極限に生まれえた非現実の愛とその終わりを「八月十五日」に集約して描く、万人のための、鎮魂の童話集。
204165-3

の-3-15
新編「終戦日記」を読む
野坂昭如
空襲、原爆、玉音放送……あの夏の日、日本人は何を思ったか。文人・政治家の日記を渉猟し、自らの体験を綴る。戦争随筆十三篇を増補。〈解説〉村上玄一
206910-7

の-16-1
慟哭の海 戦艦大和死闘の記録
能村次郎
世界最強を誇った帝国海軍の軍艦は、太平洋戦争を通じてわずか二度目の出撃で轟沈した。生還した大和副長が生々しく綴った手記。〈解説〉戸髙一成
206400-3

は-68-1
大東亜戦争肯定論
林　房雄
戦争を賛美する暴論か？　敗戦恐怖症を克服する叡智の書か？「中央公論」誌上発表から半世紀、当時の論壇を震撼させた禁断の論考の真価を問う。〈解説〉保阪正康
206040-1

ほ-1-1
陸軍省軍務局と日米開戦
保阪　正康
選択は一つ——大陸撤兵か対米英戦争か。東条内閣成立から開戦に至る二カ月間を、陸軍の政治的中枢である軍務局首脳の動向を通して克明に追求する。
201625-5

ほ-1-18
昭和史の大河を往く5　最強師団の宿命
保阪　正康
屯田兵を母体とし、日露戦争から太平洋戦争まで、常に危険な地域へ派兵されてきた旭川第七師団の歴史を俯瞰し、大本営参謀本部の戦略の欠如を明らかにする。
205994-8

ま-53-1
月白《つきしろ》の道　戦争散文集
丸山　豊
ビルマ戦線から奇跡的に生還した軍医詩人が綴る〝白骨街道〟泥濘二〇〇〇キロの敗走。詩情香る戦記文学の白眉。谷川雁、野呂邦暢、川崎洋らの寄稿を収録。
207091-2

や-59-1
沖縄決戦　高級参謀の手記
八原　博通
戦没者は軍人・民間人合わせて約20万人。壮絶な沖縄戦の全貌を、第三十二軍司令部唯一の生き残りである著者が余さず綴った渾身の記録。〈解説〉戸部良一
206118-7

よ-38-1
検証　戦争責任（上）
読売新聞
戦争責任検証委員会
誰が、いつ、どのように誤ったのか。あの戦争を日本人自らの手で検証し、次世代へつなげる試みに記者たちが挑む。上巻では、さまざまな要因をテーマ別に検証する。
205161-4

よ-38-2
検証　戦争責任（下）
読売新聞
戦争責任検証委員会
無謀な戦線拡大を続けた日中戦争から、戦後の東京裁判まで、時系列にそって戦争を検証。上巻のテーマ別検証もふまえて最終総括を行う。日本人は何を学んだか。
205177-5

ク-6-1
戦争論（上）
クラウゼヴィッツ
清水多吉訳
プロイセンの名参謀としてナポレオンを撃破した比類なき戦略家クラウゼヴィッツ。その思想の精華たる本書は、戦略・組織論の永遠のバイブルである。
203939-1

各書目の下段の数字はISBNコードです。978－4－12が省略してあります。

ク-6-2
戦争論（下）
クラウゼヴィッツ
清水多吉 訳
フリードリッヒ大王とナポレオンという二人の名将の戦史研究から戦争の本質を解明し体系的な理論化をなしとげた近代戦略思想の聖典。〈解説〉是本信義
203954-4

ク-7-1
補給戦 何が勝敗を決定するのか
M・v・クレフェルト
佐藤佐三郎 訳
ナポレオン戦争からノルマンディ上陸作戦までの戦争を「補給」の観点から分析。戦争の勝敗は補給によって決まることを明快に論じた名著。〈解説〉石津朋之
204690-0

シ-10-1
戦争概論
ジョミニ
佐藤徳太郎 訳
19世紀を代表する戦略家として、クラウゼヴィッツと並び称されるフランスのジョミニ。ナポレオンに絶賛された名参謀による軍事戦略論のエッセンス。
203955-1

シ-12-1
ナチス軍需相の証言（上）シュペーア回想録
シュペーア
品田豊治 訳
一九三三年の政権掌握から対ソ開戦、山荘に集う取り巻きたち。ヒトラーの側近の一人が間近に見たその虚栄と没落。軍事裁判後、獄中で綴った手記。
206888-9

シ-12-2
ナチス軍需相の証言（下）シュペーア回想録
シュペーア
品田豊治 訳
戦況の悪化、側近たちの離反にヒトラーは孤立を深めていく。終戦、そしてニュルンベルク裁判まで。『第三帝国の神殿にて』を改題。〈解説〉田野大輔
206889-6

チ-2-1
第二次大戦回顧録 抄
チャーチル
毎日新聞社 編訳
ノーベル文学賞に輝くチャーチル畢生の大著のエッセンスをこの一冊に凝縮。連合国最高首脳が自ら綴った、第二次世界大戦の真実。〈解説〉田原総一朗
203864-6

マ-10-5
戦争の世界史（上）技術と軍隊と社会
W・H・マクニール
高橋均 訳
軍事技術は人間社会にどのような影響を及ぼしてきたのか。大家が長年あたためてきた野心作。上巻は古代文明から仏革命と英産業革命が及ぼした影響まで。
205897-2

マ-10-6
戦争の世界史（下）技術と軍隊と社会
W・H・マクニール
高橋均 訳
軍事技術の発展はやがて制御しきれない破壊力を生み、人類は怯えながら軍備を競う。下巻は戦争の産業化から冷戦時代、現代の難局と未来を予測する結論まで。
205898-9